Brigitte Wolter
Ich will Coach werden

Brigitte Wolter

Ich will Coach werden

Von der Idee zum Traumberuf –
Wie Sie sich qualifizieren und die
Grundlage für eine erfolgreiche
Coaching-Praxis legen

budrich Inspirited
Opladen • Berlin • Toronto 2017

Bibliografische Information der Deutschen Nationalbibliothek
Die Deutsche Nationalbibliothek verzeichnet diese Publikation in der
Deutschen Nationalbibliografie; detaillierte bibliografische Daten sind
im Internet über http://dnb.d-nb.de abrufbar.

Gedruckt auf säurefreiem und alterungsbeständigem Papier.

Alle Rechte vorbehalten.
© 2017 budrich Inspirited, Opladen, Berlin & Toronto
budrich Inspirited ist ein Imprint des Verlags Barbara Budrich
http://inspirited.de/buecher/

   ISBN   **978-3-8474-2032-3 (Paperback)**
   eISBN 978-3-8474-1051-5 (eBook)

Das Werk einschließlich aller seiner Teile ist urheberrechtlich geschützt.
Jede Verwertung außerhalb der engen Grenzen des Urheberrechtsgesetzes ist ohne Zustimmung des Verlages unzulässig und strafbar. Das gilt insbesondere für Vervielfältigungen, Übersetzungen, Mikroverfilmungen und die Einspeicherung und Verarbeitung in elektronischen Systemen.

Umschlaggestaltung: Bettina Lehfeldt, Kleinmachnow –
www.lehfeldtgraphic.de
Titelbildnachweis: istockphoto.com
Lektorat: Judith Henning, Hamburg – www.buchfinken.com
Satz: Ulrike Weingärtner, Gründau – info@textakzente.de
Druck: paper & tinta, Warschau
Printed in Europe

Vorwort

Wie Sie sich qualifizieren und die Grundlage für eine erfolgreiche Coaching-Praxis legen

Sie hegen den Wunsch, Coach zu werden, und möchten sich so umfassend wie nötig, aber auch so konkret wie möglich über die Wege dorthin informieren? Dieses Buch bietet Ihnen eine hilfreiche Alternative zur mühsamen Internetrecherche und zum Wälzen dicker Coaching-Handbücher. In sieben Kapiteln tauchen Sie in die Coaching-Welt ein und machen sich ein Bild von einem der angesagtesten Beratungsformate, die es derzeit für den privaten und beruflichen Bereich gibt. Sie lernen, was professionelles Coaching ist, wie man ein guter Coach wird und was man als Coach mitbringen muss, um erfolgreich zu sein.

Auf den Punkt gebracht, erfahren Sie:

- was Coaching wirklich ist und was nicht
- welche Chancen Ihnen der Beruf als Coach bietet
- warum Ihre Berufs- und Lebenserfahrung Gold wert ist
- welche persönlichen Eigenschaften Sie als Top-Coach in spe mitbringen sollten
- wie Sie zielsicher die für Sie passende Coaching-Ausbildung finden
- wie Sie ein einzigartiges Coach-Profil erstellen
- wo Sie Experten finden, die Ihre Coach-Karriere voranbringen
- wie Sie Teil der Coach-Community werden und dort Ihre neue berufliche Heimat finden

Noch ein Hinweis: Bei Zitaten ohne Quellenangabe handelt es sich um Zitate der Autorin.

Zur Autorin

Dr. Brigitte Wolter, 1956 in Königswinter geboren, studierte Agrarwissenschaften mit der Fachrichtung Pflanzenbau in Bonn. Nach ihrer Promotion arbeitete sie zunächst in einer Agentur, dann viele Jahre als Kommunikationsmanagerin in der pharmazeutischen Industrie. Ausgebildet als Business Coach und Mentaltrainerin, gründete sie 2003 *brandinvest® Corporate Coaching* mit der Vision, als Management Coach nachhaltige Impulse für eine humane Arbeitskultur zu setzen. Seit 2008 widmet sie sich mit Leidenschaft der Aufgabe, ihr Wissen an den Coach-Nachwuchs weiterzugeben und diesen in erster Linie als Sinnstifter auszubilden. Als Coach und Coach-Ausbilderin ist sie vom Deutschen Bundesverband Coaching e. V. anerkannt und gilt als Expertin für Persönlichkeitsentwicklung. „Entwicklungshilfe" leistet sie denn auch auf ihrer Homepage *www.brandinvest.com,* wo sie Artikel rund um das Thema Coaching veröffentlicht.

Kontakt: wolter@brandinvest.com

Meiner Mutter gewidmet

Inhaltsverzeichnis

Vorwort 5

Andere brauchen Sie 11

I. Coaching – der Siegeszug einer
neuen Beratungsform..................... 17

1. In bester Tradition – der Ur-Coach 20
2. Coaching heute: Unverzichtbar in der modernen
Personalentwicklung 25
3. Häufig zitiert und oft verwechselt:
Was Coaching ist und was nicht................ 29

II. Wegbegleiter aus Berufung:
Warum es so faszinierend ist,
Coach zu sein 39

1. Erfüllungssuche: Fünf gute Gründe,
Coach zu werden 41
2. Erfolgsaussichten: Wie Experten den
Coaching-Markt einschätzen................... 46

III. Der Stoff, aus dem die Coaches sind 51

1. Das wird erwartet: Erfahrung und Expertise 52
2. Daran erkennt man sie: Stilsicher und seriös 53
3. So arbeiten sie: Methodenreich und meisterlich 55
4. So erlebt man sie: Echt und einfühlsam 59

IV. Der Weg zum Coach:
Erfolgsschritte für Entschlossene 63

1. Klare Vorstellungen: Ihre Vision vom Erfolg 63
2. Unbedingt Leidenschaft 67
3. Nur die Hartnäckigen kommen ans Ziel 69

V. Fragenkompass: Wie Sie die passende Coaching-Ausbildung finden	71
1. Ihre Motivation: Was wollen Sie mit der Ausbildung erreichen?	73
2. Ihre Startposition: Mit welchem Coaching-Ansatz wollen Sie beginnen?	77
3. Ihr Engagement: Wie viel Zeit, Geld und Energie wollen Sie in die Ausbildung investieren?..........	79
4. Ihre Lernweise: Welche Unterrichtsform bevorzugen Sie?	80
VI. Der Coach als Unternehmer.................	85
1. Gut aufgestellt: Die fünf Säulen Ihrer Coaching-Praxis	88
2. Auffallend anders: Taktische Überlegungen zum Überleben im Coaching-Markt	91
3. Auf Coaches spezialisiert: Marketing für Berater	95
VII. In guter Gesellschaft: Wo Coaches unter sich sind	97
1. Verbände und Netzwerke......................	97
Schlussbemerkung	103
Dank	104
Anhang.....................................	105
Glossar	105
Checkliste Coaching-Ausbildung	109
Adressen im Internet	111
Literatur zum Marketing.......................	111
Literatur für den Start	112
Allgemeine Literatur	113

Und plötzlich weißt du:
Es ist Zeit, etwas Neues zu beginnen
und dem Zauber des Anfangs zu vertrauen.
Meister Eckhart (um 1260–1328), Theologe und Philosoph

Andere brauchen Sie

Zu diesem Buch haben mich die Teilnehmerinnen und Teilnehmer meiner Coaching-Ausbildung inspiriert – sie haben fast ausnahmslos davon berichtet, wie mühsam und zeitraubend es anfangs für sie war, sich im Informationswirrwarr des Coaching-Marktes zurechtzufinden. Es wird Zeit, das zu ändern. So hoffe ich, dass Sie nach der Lektüre dieses Buches einen roten Faden im Dschungel der Informationen und Angebote gefunden haben, damit Sie direkt damit beginnen können, die nächsten Schritte auf Ihrem Weg zum Coach zu realisieren. Darüber hinaus möchte ich meine Erfahrungen aus über zehnjähriger Coaching-Praxis mit allen Lesern teilen, die aus verschiedenen Gründen praxisnahe und kompakte Informationen rund um das Thema Coaching wünschen.

> *Stehen wir vor einer Coaching-Blase oder am Beginn einer Zeit, in der es nicht genug Coaches geben kann, um den wachsenden Bedarf an Coaching zu befriedigen?*

Immer mehr Menschen suchen bei beruflichen und privaten Problemen die Unterstützung eines Coachs. Tendenz steigend. Von einem Boom ist die Rede, obwohl Experten zur Vorsicht im Umgang mit solchen Superlativen mahnen (http://www.coaching-report.de/coaching-markt.html).

Andererseits mehren sich die Stimmen, dass künftig kein Unternehmen mehr an Coaching vorbeikommen wird. Erst recht gilt dies für den Privatbereich: Die immense Nachfrage nach Lebensberatung lässt Beratungsdienste unterschiedlichster Couleur wie Pilze aus dem Boden schießen: Vom lösungsorientierten Coaching über spirituelle oder philosophische Lebenshilfe bis hin zur esoterisch-astrologischen Lebensberatung ist alles vertreten, was sich unter „Coaching" vermarkten lässt.

Hier stoßen wir auf ein typisches Merkmal der Beratungsbranche: Sie ist artenreich wie ein Dschungel mit einem unüberschaubaren Angebot an Beratungsformaten und -inhalten. Jeder kann sich Berater oder Coach nennen, eine Beratungsnische besetzen und Geld damit verdienen.

Stellt sich die Frage: Woran erkenne ich einen *seriösen* Coach? Und: Was ist Coaching eigentlich? Vor allem: Was ist *professionelles* Coaching? Es ist Ihnen vielleicht aufgefallen, dass ich zuvor das Wort „Beratung" synonym zu „Coaching" verwendet habe. Hier ist sich selbst die Coaching-Welt nicht einig. Einerseits wird Coaching von Beratung scharf abgegrenzt, andererseits ist von Coaching als einer speziellen Form der Beratung für Management und Organisationen die Rede. Sie ahnen es schon: Es gibt nicht die *eine* Definition von Coaching, es gibt Hunderte. Aber es hat sich im Laufe der letzten drei Jahrzehnte ein einheitliches Verständnis für professionelles Coaching herausgebildet, und das möchte ich Ihnen in diesem Buch, vor allem im ersten Kapitel, vermitteln. Dabei orientiere ich mich an den Professionsstandards namhafter Berufsverbände wie zum Beispiel denen des Deutschen Bundesverbands Coaching e.V., der der Branche mit der Herausgabe eines *Kompendiums mit Leitlinien und Empfehlungen für die Entwicklung von Coaching als Profession* einen wertvollen Dienst erwiesen hat.

Was sind das für Menschen, die sich mit viel Herzblut und einer großen Mission auf den Weg machen, Coach zu werden? Idealisten? Altruisten? Sinnsuchende? Nach Weiterentwicklung Strebende? Wir werden in Kapitel zwei sehen, aus welchem Holz gute Coaches geschnitzt sind und was sie antreibt, andere Menschen weiterzubringen. Aber sind alle, die sich *berufen* fühlen, auch *befähigt?* Überprüfen Sie es selbst, wenn es in Kapitel drei um das Anforderungsprofil eines Coachs geht. Eines schon vorweg: Coach ist man mit seiner ganzen Persönlichkeit. Diese Tätigkeit erfordert Handwerk und Haltung. Das eine geht nicht ohne das andere.

Was erwartet Sie, wenn Sie sich für diesen Beruf entscheiden? In erster Linie eine große Herausforderung. Bevor ich Ihnen sage, warum, erlauben Sie mir einen kurzen Rückblick auf die eigene Geschichte: Meine „Coach-Werdung" begann während meiner Zeit als Unternehmenssprecherin in einem Pharmakonzern. Mit Anfang 40 kam ich - inspiriert durch meine Führungsfunktion - auf die Idee, mich für Coaching zu interessieren, und fand immer mehr Gefallen an dem Gedanken, Coach zu werden. Etwas mulmig war mir schon dabei, denn niemand konnte mir sagen, wie man zu einem erfolgreichen Coach wird und damit auch seinen Lebensunterhalt bestreitet.

Die heute unerschöpfliche Informationsquelle Internet sprudelte damals noch spärlich. Zur Erinnerung: Google ging erst 1998 an den Start. Coaching-Verbände, die ich hätte fragen können, gab es Ende der 90er-Jahre in Deutschland noch nicht, geschweige denn Literatur zu den Themen „Beruf Coach" oder „Marketing für Coaches". Zum Thema Coaching allgemein und Management Coaching hatten immerhin einige Pioniere wie Looss (1986 und 1991), Geissler und Günther (1986), Hauser (1987) sowie Böning (1989) Artikel oder Bücher veröffentlicht, die die Idee des Coachings erstmals interessierten Fachkreisen und Unternehmen zugänglich machten. Coaching-Ausbildungen wurden in Deutschland erst seit 1989 angeboten. Die Coaches der ersten Stunde waren daher keine „ausgebildeten" Coaches. Es waren psychologisch geschulte und berufserfahrene Menschen, die mit ihrer neuen Art der personenbezogenen Beratung - im Gegensatz zu der bis dahin geläufigen sach- und fachbezogenen Beratung – eine Nische besetzten. Eine Nische, die sich durch die umwälzenden Veränderungen in der Wirtschaft und der Gesellschaft aufgetan hatte.

Trotz aller Unwägbarkeiten entschloss ich mich 2002 zu einer einjährigen Fortbildung zum „Coach der Wirtschaft IHK". Die Rückkehr in eine abhängige Beschäftigung kam für mich danach nicht mehr infrage. 2003 wagte ich den Schritt in die Selbstständigkeit als Coach. Rückblickend betrachtet, markiert diese Phase eine Zäsur von immenser Tragweite mit Strahlkraft bis in meine Gegenwart hinein. Andererseits waren die Erfahrungen aus meiner 20-jährigen Zeit als Angestellte und meine Lebenserfahrung eine unabdingbare Voraussetzung für meine Tätigkeit als Coach. Da haben sich einige Kreise geschlossen …

Wenn Interessierte heute mit den Begriffen „Coach", „Coaching" oder „Coaching-Ausbildung" auf die Suche gehen, können sie durch Tausende von Internetseiten mit unzähligen Angeboten surfen und auf umfangreiche Fachliteratur zurückgreifen. Parallel zum expandierenden Coaching-Markt ist zudem seit 1994 eine Beratergilde herangewachsen, die auf die Profilierung und Vermarktung von Beratern, Trainern und Coaches spezialisiert ist.

Geradezu paradiesische Zeiten für Coaches in spe, sollte man annehmen. Doch der Schein trügt. Wenn Sie heute Coach werden wollen, haben Sie nicht das Problem, dass Sie zu wenige Informationen finden, sondern dass Sie von Informationen überschwemmt werden, die zum Teil widersprüchliche Aussagen beinhalten. Und Sie stehen vor der Herausforderung, gegen eine wachsende Zahl von Konkurrenten auf dem Beratungsmarkt anzutreten. Das heißt schätzungsweise in Deutschland gegen eine Anzahl von circa 30.000 Coaches, Beratern und Trainern – die genaue Zahl kennt niemand.

Der Coaching-Markt ist kein Platz für Träumer, Aussteiger oder für solche, die das schnelle Geld machen wollen. Als Coach müssen Sie wie ein Unternehmer auftreten, Ihr Geschäft solide – und auf mehreren Säulen – aufbauen und ein effektives Marketing betreiben, um langfristig erfolgreich zu sein. Das schaffen Sie nur mit einer glasklaren Vision, Kreativität, einem Mindestmaß an Marketingwissen, enormem Einsatz sowie Durchhaltevermögen. In Kapitel vier und sechs erfahren Sie, was es zu beachten gilt, um von Anfang an als kompetenter Coach wahrgenommen und gebucht zu werden.

Viele Coaches berichten, dass sie sich ein halbes Jahr und länger durch das Internet gequält haben, um aus der Vielzahl der Angebote die passende Ausbildung herauszufinden. Um die Sache abzukürzen, empfiehlt es sich, anhand von Auswahlkriterien passende Angebote herauszufiltern und erst danach mit Ausbildungsanbietern Kontakt aufzunehmen. In Kapitel fünf werde ich die wichtigsten Auswahlkriterien erläutern und Ihnen am Ende des Buches eine Checkliste zur Orientierung an die Hand geben, mit der Sie zu *Ihrer* Coaching-Ausbildung finden.

Auch als Coach brauchen Sie eine berufliche Heimat, abgesehen davon, dass das Leben als Einzelkämpfer – und das sind die meisten Coaches – sehr einsam sein kann. Zum Schluss möchte ich Ihnen deshalb das Für und Wider einer Verbandsmitgliedschaft erläutern, sodass Sie sich auch dazu eine Meinung bilden können.

Nun haben Sie eine erste Vorstellung davon, was Sie in diesem Buch erwartet. Es ist vor allem an Personen gerichtet, die eine Tätigkeit als *Coach* anstreben und kompakte, fundierte Informationen dazu wünschen, ohne monatelang im Internet recherchieren zu müssen. Dabei habe ich versucht, das überaus komplexe Thema Coaching zu verdichten und das herauszufiltern, was Sie als angehender Coach meiner Erfahrung nach an Beratung vor allem brauchen. Wenn Sie sich darüber hinaus zu den Themen der einzelnen Kapitel vertieft informieren möchten, finden Sie am Ende des Buches eine Liste mit weiterführender Literatur.

Noch eine Bemerkung:

Ich bitte die Leserinnen um Verständnis, dass ich zur Erleichterung des Leseflusses überwiegend die männliche Form von Substantiven verwendet habe. Und wenn ich von „Coach" spreche, meine ich damit die weibliche und männliche Form. Ob Mann oder Frau, seien Sie gewiss, dass Sie meine volle Wertschätzung haben.

I. Coaching – der Siegeszug einer neuen Beratungsform

Wäre Coaching eine Person, so könnte man ihr eine beispiellose Karriere nachsagen. Keine andere Beratungsform hat es geschafft, innerhalb von drei Jahrzehnten hierzulande vom unbekannten Exoten zum Star der Branche zu avancieren. Coaching gilt heute unbestritten als eines der effektivsten Instrumente zur Entwicklung von Führungskräften, über das die moderne Personalentwicklung verfügt.

Doch wo ist der Ursprung dieser so populären Beratungsform zu suchen? Erste Hinweise finden wir im Wort „Coach", das seiner Herkunft nach den Ungarn zu verdanken ist. In der ungarischen Stadt Kocs wurden im 16. Jahrhundert Kutschen angefertigt, die als besonders hochwertig galten. Kutschen bezeichnete man daher als „Kocsi", was „aus Kocs" bedeutet. Kutschen und Kutscher fanden so zu ihrer Bezeichnung „Kocs", aus dem sich später das englische Wort „Coach" ableitete. Wenn Sie in einem englischen Wörterbuch das Wort „coach" nachschlagen, so werden Sie sehen, dass dort als Hauptbedeutung immer noch „Kutsche", „Wagen" oder „Bus" und zusätzlich „Privat- oder „Nachhilfelehrer", „Tutor", „Trainer" *(sport instructor)* bzw. „Coach" steht (Draht 2012, S. 32). Als Verb hat es die Bedeutung von „trainieren". Übrigens finden Sie im Duden mit „Coachin" auch eine weibliche Form zu Coach. Diese Bezeichnung hat sich im Sprachgebrauch bislang noch nicht durchgesetzt. Der Begriff „Coach" steht daher sowohl für den männlichen als auch für den weiblichen Coach (Rauen 2003, S. 2).

Der Coach ist gemäß Wortherkunft also jemand, der einen anderen von A nach B bringt. Zum Beispiel von einer untrainierten Form zur Höchstleistung, von einem Problem zu einer Lösung, von einem festgefahrenen Standpunkt zu einer anderen Sichtweise, von einer Entwicklungsstufe zur nächsten.

Lange bevor der Begriff „Coach" in Deutschland gebräuchlich wurde, wurde er bereits im 19. Jahrhundert an Universitäten in den USA benutzt, und zwar für Personen, die Studenten auf Prüfungen, Wettkämpfe oder sonstige Herausforderungen vorbereiteten. In den USA hielt der Begriff „Coaching" auch erstmals Einzug in die Wirtschaft, wo er vom Ende der 70er-Jahre bis in die Mitte der 80er-Jahre für die entwicklungsorientierte Führung von Mitarbeitern durch ihre Vorgesetzten stand. In der nächsten Phase wurde sowohl in den USA als auch in Deutschland der Begriff „Coaching" auf die karrierefördernde Begleitung von Mitarbeitern durch erfahrene Manager ausgedehnt, woraus sich das Mentoring entwickelte. Der entscheidende Schritt zum Coaching, wie wir es heute kennen, vollzog sich vor allem in den 80er-Jahren in Deutschland. Damals „mutierte" das Coaching von der internen Beratung zur externen Beratung von Topmanagern durch externe Coaches. Im Verlauf dieser Entwicklung kamen nicht nur Topmanager in den Genuss von Coaching, sondern auch Führungskräfte der mittleren und unteren Managementebenen (Rauen 2005, Straß 2009).

Ab den 90er-Jahren wurde der Begriff „Coaching" personen- und fachbezogen ausgeweitet auf „Gruppen-Coaching", „Team-Coaching", „Projekt-Coaching" oder „EDV-Coaching" (Rauen 2005).

Für die Dienstleistung „Coaching" entwickelte sich in dieser Zeit ein attraktiver Wachstumsmarkt mit steigender Nachfrage, vornehmlich auf Unternehmensseite. Das Coaching-Angebot mit unterschiedlichsten Ansätzen wuchs. Das große Geschäft witternd, traten immer mehr Anbieter auf den Plan, die unter dem Deckmantel „Coaching" alle nur denkbaren Dienstleistungen feilboten, was die Begriffe „Coaching" und „Coach" in ihrer Bedeutung auszuhöhlen drohte.

Als Gegenreaktion und auch als Teil des Professionalisierungsprozesses eines neuen, noch jungen Berufszweigs formierten sich seriöse Coaches in Verbänden. Sie formulierten Standards für ihre Profession und trugen durch ihre Verbandstätigkeit maßgeblich zur Qualitätssicherung des Coachings bei. Zu den ersten Coaching-Verbänden zählen die 1995 in den USA gegründete *International Coach Federation (ICF)*, die im Jahr 2001 eine deutsche Niederlassung gründete, die 1994 entstandene European Coaching Association e.V., der Berufsverband der Coaches in Europa, die 2002 in Deutschland gegründete *„Deutsche Gesellschaft für Coaching"* sowie der *„Deutsche Bundesverband Coaching"* von 2004.

Ab etwa 2002 wurden im Zuge dieser Professionalisierung Forschungsprojekte zu Coaching initiiert und große Veranstaltungen wie Kongresse und Fachtagungen durchgeführt. Coaching wurde immer bekannter und populärer. Alle großen Unternehmen führten es ein, es wurden unternehmensinterne Coach-Pools aufgebaut, es entstanden Coach-Datenbanken mit definierten Aufnahmekriterien und auch Coaching-Ausbildungen standen jetzt auf dem Prüfstand. All dies hat dazu beigetragen, dass Coaching heute vor allem in der Berufswelt als eine äußerst populäre und zugleich hochwertige Beratungsform gilt. Das ist bemerkenswert angesichts der inflationären Benutzung des Begriffs, der immer noch auf viele Erscheinungsformen angewendet wird, die mit professionellem Coaching nichts zu tun haben.

Der Markt ist in den letzten Jahren transparenter geworden. Die Kunden entwickeln zunehmend ein Bewusstsein für professionelles Coaching und gehen bei der Vergabe von Coaching-Mandaten immer selektiver vor.

Zu noch mehr Transparenz könnte eine Berufsordnung für Coaches mit standesrechtlichen Regelungen und einer einheitlichen Ausbildungsordnung beitragen. Bis dahin dürften allerdings noch einige Jahre ins Land gehen. So merkte die Stiftung Warentest in ihrem 2014 publizierten Special „Den richtigen Coach finden" kritisch an, dass sich die 22 Verbände für Coaching bislang nicht einig darüber sind, was einen guten Coach ausmacht (test.de/2014, Dossier *Coach finden* Teil II, Seite 8).

Der genormte Coach ist ein Wunschbild, das es nie geben wird. Das Zusammenwirken von Erfahrung, Persönlichkeit und Coaching-Profession ist bei jedem Coach anders und macht ihn oder sie einzigartig.

Wie Sie gesehen haben, ist Coaching eine Form der Beratung, die in vielen Varianten und Erscheinungsformen auftritt. Mit immer neuen Ansätzen, die die in diesem Berufsfeld Tätigen hervorbringen, ist die „Genesis" dieser Profession längst noch nicht abgeschlossen. Vielmehr ist sie ein Indiz dafür, dass diese noch junge Zunft einen evolutionären Entwicklungsprozess durchlebt. Wir dürfen gespannt sein, was wir in der Zukunft noch alles unter professionellem Coaching verstehen werden. Vielleicht werden Sie ja an dieser Entwicklung mitwirken.

Der wahre Lehrer betätigt sich
wie Sokrates als Hebamme.
Aulus Gellius (um 130–nach 170), römischer Schriftsteller

1. In bester Tradition – der Ur-Coach

Wenden wir uns nun einer Person zu, die in der Fachwelt als Urvater der Psychotherapie angesehen und von vielen als Coaching-Pionier verehrt wird.

Dazu möchte ich Sie auf eine Zeitreise ins Athen der Antike mitnehmen, um dort einen Mann zu treffen, der als Vordenker und Philosoph in die Geschichte eingegangen ist. Da Zwiegespräche über Gott und die Welt sein Lebenselixier waren, dürfte es Ihnen nicht schwerfallen, mit ihm ins Gespräch zu kommen. Aber wundern Sie sich nicht, wenn er Ihnen viele ungewöhnliche Fragen stellt und Ihre Standpunkte hinterfragt. Ohne dass Sie recht wissen, wie Ihnen geschieht, wird er Ihre Widersprüche gnadenlos aufdecken. Er wird Sie so lange in heillose Verwirrung stürzen, bis Sie nicht mehr anders können, als ungünstige Denkmuster aufzugeben. Im nächsten Schritt wird er Sie zu einer heilsamen Innenschau führen, die Ihnen Ihre eigene Lebensphilosophie offenbart. Denn sein Ansinnen ist es nicht, Ihnen Ratschläge zu geben und Sie mit seiner Weisheit zu blenden, sondern Sie gleich einer Hebamme tatkräftig darin zu unterstützen, Ihre eigenen Wahrheiten ans Licht zu bringen (Stavemann 2002, S. 159).

Denkmuster sind nicht in Stein gemeißelt: Wir können jeden Gedanken infrage stellen, ihn hin und her drehen, wie tief er auch verankert sein mag und egal, woher wir ihn haben. Wir können ihn durch neue Gedanken ersetzen und erleben, wie selbstbegrenzende Denkweisen aus unserem Leben verschwinden. Doch zuerst müssen wir erkennen, woran wir festhalten.

Wir sprechen von Sokrates, der von 496 bis 399 vor Christus als freier Bürger in Athen gelebt hat. Sein Vater war von Beruf Steinmetz und seine Mutter bezeichnenderweise Hebamme. Man kann Sokrates als den Vorreiter der sogenannten *non direktiven Beratung* ansehen. Das bedeutet salopp ausgedrückt so viel wie „beraten, ohne einen Rat zu geben". Dahinter verbirgt sich eine besondere Haltung, die zu Lebzeiten Sokrates revolutionär war. Im Gegensatz zu vielen Gelehrten seiner Zeit ging es ihm nicht darum, andere mit rhetorischer Brillanz von seinen Ansichten zu überzeugen. Sein Anliegen war es, – und das war seinerzeit neu – sich nicht wissend zu geben und dadurch andere anzuregen, sich selbst Gedanken zu machen, die eigenen Schlüsse zu ziehen und aus eigener Erkenntnis zu lernen (Stavemann 2002, S. 15).

Sokrates' philosophische Denkschule löste leider nicht überall Begeisterung aus. Deshalb wurde er schließlich wegen „Frevel wider die Götter" und „Verderb der Jugend" zum Tode durch den Schierlingsbecher verurteilt (Stavemann 2002, S. 11). Das Gleiche könnte ihm wohl heute noch in so manchen Ländern dieser Erde widerfahren, wo eigenständiges Denken unerwünscht ist und die Anklagepunkte vermutlich ähnlich klängen.

Sokrates war so überzeugt davon, dass man sich Wissen durch eigenes Nachdenken erarbeiten und nicht bequem anlesen sollte, dass er es ablehnte, Schriften zu verfassen. Alles, was wir von ihm und seiner Methode, der Sokratik, wissen, ist uns von seinen Schülern Platon und Xenophon überliefert.

Sokrates hat nicht nur die Philosophie nachhaltig beeinflusst; als engagierter Gesprächspartner bei emotionalen Problemen entwickelte er spezielle Fragetechniken und Interventionen, die wir in weiterentwickelter Form in der Psychotherapie und im Coaching wiederfinden (Stavemann 2002, S. 9).

Die von ihm entwickelte Methode der *Hebammenkunst (Mäeutik)* und seine Fragetechniken sind heute noch der Königsweg zur Unterbrechung negativer, selbstschädigender, eingeschliffener Denkgewohnheiten, etwa bei der Therapie von Depressionen und Verhaltensstörungen. Auch im Coaching basiert die Arbeit mit tief sitzenden Glaubenssätzen auf dem von Sokrates überlieferten Konzept der geistigen Geburtshilfe, dem *Prinzip der Hilfe zur Selbsthilfe*.

> *Andere dazu zu bringen, sich selbst besser zu verstehen, ist die Grundidee von Coaching.*

Sokrates hat vorgemacht, was einen guten Coach ausmacht: Er hält sich mit missionarischem Eifer zurück, und er will niemanden belehren. Er geht davon aus, dass der Mensch die Lösung seiner Probleme in sich trägt und er allenfalls Hilfe braucht, um sie zu erkennen. Dabei schenkt er seinem Gegenüber seine ungeteilte Aufmerksamkeit, führt ihn mit viel Geschick und Empathie durch einen Reflexionsprozess und öffnet ihn für neue Möglichkeiten.

Für die meisten Coach-Anwärter – insbesondere wenn sie aus beratenden Berufen kommen – besteht die größte Herausforderung darin, keine Lösungen mehr vorzugeben, sondern den Klienten bei seinem eigenen schöpferischen Prozess der Lösungsfindung achtsam zu beobachten und sanft zu führen. Wer jedoch die Grundfertigkeit erworben hat, Hilfe zur Selbsthilfe zu geben, wird in seiner „Beratung" völlig neue Resultate erzielen. Er wird in seinem beruflichen und privaten Umfeld vieles bewirken, was vorher nicht möglich war. Deshalb: Ein Hoch auf Sokrates, den Urvater der Coaches! Und Ansporn für Sie, sich seine Haltung anzueignen und in seiner Tradition als Coach zu wirken!

Lesen Sie abschließend die Geschichte eines weiblichen Coachs, der sich das sokratische Hilfe-zur-Selbsthilfe-Prinzip zu eigen gemacht hat:

> Nach meiner ersten Stelle als Hotelfachfrau in einem Vernissage-Café folgten weitere Stationen in anderen Unternehmen, wo ich von einer Führungsposition in die nächste rutschte und viele Erfahrungen sammeln konnte. Mit 28 Jahren entschied ich mich, nebenberuflich noch einmal die Schulbank zu drücken. Knappe zwei Jahre später hatte ich den Abschluss als Industriekauffrau in der Tasche. Ich ging ins Ausland und durfte mich als Führungskraft in England, Holland und Israel erproben. Knapp zehn Jahre lang hatte ich das Glück, junge und auch erwachsene Menschen aus- und weiterbilden zu dürfen. In den vielen Jahren auf den verschiedensten Führungsebenen und bei der Teilnahme an unendlich vielen Weiterbildungen habe ich eines gelernt: Wir tragen alles schon in uns. Sprich, die Lösungen, egal welcher Art, trägt jeder Mensch schon in sich selbst. Diese hinter dem Ofen hervorzulocken, das ist die Kunst. Und genau das ist der Grund, warum ich Coach, genauer gesagt Personal und Business Coach, geworden bin.

Selbst in einer schwierigen Talsohle meines Lebens angekommen, besann ich mich auf das, was ich wirklich kann und will: Menschen auf ihrem Weg ein Stück zu begleiten und sie zu unterstützen, ihre Ressourcen zu entdecken und ihnen diese zu spiegeln. Auf den ersten Blick mag sich das leicht anhören, das ist es aber nicht. Wenn man sich dazu entscheidet, als Coach diese Art der Unterstützung anzubieten, beginnt ein langer und kontinuierlicher Lernweg. Die Fähigkeit, sich komplett zurückzunehmen und sich auf das Gegenüber zu 100 Prozent zu konzentrieren, stellt eine große Herausforderung dar. Wie oft würden wir nur zu gerne sagen: „Oh bitte machen Sie es so oder so, das hat bei mir auch geholfen." Das ist keine Hilfe zur Selbsthilfe! Nicht zu werten und immer im Blick zu behalten, dass wir ein eigenständiges Individuum mit hervorragenden Selbststeuerungskompetenzen vor uns haben, ist äußerst wichtig. Daher bin ich der Überzeugung, dass eine Person, die dieses Berufsbild ausfüllen möchte, vor allen Dingen eine gute und fundierte Ausbildung zum Coach braucht. Dazu gehört auch die Bereitschaft, sich stetig weiterzubilden und sich von Zeit zu Zeit selbst supervidieren zu lassen.

Ich habe diesen Weg gewählt und „Coachsein" ist kein Beruf für mich, sondern meine Berufung. Ich werde mich selbst jedoch immer als eine Lernende betrachten. Und ich entwickle mich mit jedem Klienten selbst auch ein Stück weiter. Damit das große Geld zu verdienen oder die große Karriere zu machen, stand bei mir nicht im Vordergrund. Beides sollte meines Erachtens bei keinem die Zielsetzung sein.

2. Coaching heute: Unverzichtbar in der modernen Personalentwicklung

Nicht selten begegnen mir Führungskräfte, die alle möglichen Leadership-Programme absolviert haben und insofern bestens für ihre Führungsaufgabe gerüstet sind. In Rollenspielen zu typischen Situationen aus dem Führungsalltag zeigt sich jedoch sehr schnell, wie viel von den Kommunikations- und Führungsseminaren hängengeblieben und was davon in der Praxis angekommen ist. Die wertvollen Impulse aus den Seminaren verflüchtigen sich nämlich rasch, wenn sie nicht durch individuelle Reflexions- und Trainingsangebote in der Persönlichkeit verankert und gleichsam ein Teil der Persönlichkeit geworden sind. Das soll den Wert von Seminaren nicht schmälern. Im Gegenteil: In der Gruppe zu lernen, sich auszutauschen, sich selbst und andere dabei besser kennenzulernen, kann einen nachhaltigen Eindruck hinterlassen und vieles bewirken. Für einen optimalen Transfer der Seminarinhalte in die Praxis kommt es jedoch darauf an, das neue Verhalten auf die persönlichen Verhältnisse abzustimmen und einzuüben. Im Idealfall schließt sich deshalb an ein Lernen in der Gruppe eine Individualberatung an, zum Beispiel in Form eines Einzel-Coachings oder Einzel-Trainings. Der Königsweg beruflicher Weiterbildung ist eine Kombination des Klassikers „Seminare" mit anderen Formaten – wie Einzel-Training bzw. Einzel-Coaching. Dieser Weg gewährleistet dauerhafte Lerneffekte.

> *Es gibt kein besseres Mittel zur Effizienzsteigerung von Weiterbildungsmaßnahmen als Coaching, insbesondere wenn es um Persönlichkeits- und Führungskompetenz geht.*

Der Ruf nach Coaching im beruflichen Umfeld kommt vernehmlicher noch aus einer ganz anderen Richtung: Stichwort „Komplexität". Die moderne Arbeitswelt bringt es mit sich, dass Fach- und Führungskräfte hochkomplexe Aufgaben zu bewältigen haben, die sie nur mit einem klaren Fokus auf das Wesentliche und durch Zusammenarbeit in Teams bewältigen können. Das Zeitalter der digitalisierten Kommunikation mit ihren unerschöpflichen Möglichkeiten birgt die Gefahr, sich darin zu verlieren. Die erschreckende Zunahme an psychischen Erkrankungen bis hin zum Burn-out spricht eine deutliche Sprache. Menschen mit viel Verantwortungsgefühl brauchen daher eine Haltung, die ihnen weite Räume für Reflexion öffnet und sie zugleich davor bewahrt, von den Turbulenzen ihrer Arbeitswelt „aus der Verankerung gerissen" zu werden (Initiative Neue Qualität der Arbeit 2014).

Mit jeder Selbstreflexion treiben die Wurzeln der Selbsterkenntnis tiefer. Je tiefer die Selbsterkenntnis, desto mehr Standvermögen. Je mehr Standvermögen, desto tragfähiger die Haltung.

Das von einem Coach angeleitete Reflektieren des eigenen Handelns öffnet den Blick für eine differenziertere Betrachtung. Der Coach hilft durch gezieltes Hinterfragen dabei, aus einseitigen Denkweisen herauszukommen und andere Möglichkeiten zuzulassen. Diese Arbeit erhöht die Distanz zum Geschehen und führt zu mehr Gelassenheit, Weitsicht und Klarheit. Führungskräfte mit genau solch einer tragfähigen und durchlässigen Haltung brauchen wir in den Unternehmen: Persönlichkeiten, die ihr Handeln immer wieder selbstkritisch auf den Prüfstand stellen, Rückmeldungen dazu einfordern, diese reflektieren und daran wachsen. Übrigens ist das auch eines der Erfolgsgeheimnisse erfolgreicher Manager wie Bill Gates (Mitbegründer von Microsoft) und Eric Schmidt (Executive Chairman bei Google), die sich schon vor Jahren mit ihrem viel zitierten Statement „Everyone needs a Coach" leidenschaftlich zum Coaching bekannt haben. Geben Sie auf YouTube „Everyone needs a Coach" in der Suchmaske ein, und schauen Sie sich die Plädoyers von Gates und Schmidt an!

Ein weiterer Grund, weshalb Coaching im Beruf auf dem Vormarsch ist, liegt im Wandel der Führungskultur. Hierarchien sollen durchlässiger und Verantwortung bis in die operativen Bereiche delegiert werden. Die Rolle von Führungskräften besteht dabei vor allem darin, sinnorientierte Arbeitswelten zu gestalten und Mitarbeiter für neue Herausforderungen zu begeistern. Denn Mitarbeiter suchen in ihrer Arbeit immer mehr Sinn und Selbsterfüllung. Auch immer mehr Kunden wünschen sich Produkte, die sinnvoll sind (Bartscher 2008). Dies deckt sich mit dem Ergebnis jüngster Umfragen unter Managern, wonach ein sinnorientierter, wertschätzender und auf Eigenverantwortung aller Mitarbeiter basierender Führungsstil zum Ideal erhoben wird. Führungskräfte, die sich diesem Ideal annähern wollen, brauchen vor allem Sparringspartner, mit denen sie komplexe Szenarien durchdenken und durchspielen und die ihnen Reflexionsangebote zu ihren Werten sowie Inspiration zu ihrem Selbstverständnis geben. Berufs- und führungserfahrene Coaches können solche Partner sein (Initiative Neue Qualität der Arbeit 2014).

Reflektieren ermöglicht, Verantwortung zu übernehmen und bewusst zu gestalten.

Auch in der Personalberatung gewinnt Coaching zunehmend an Bedeutung. Um geeignete Kandidaten für eine Position zu finden und zu gewinnen, bedarf es einer exzellenten Kommunikation zwischen Auftraggeber, Recruiter und Kandidaten. Je genauer das Anforderungsprofil des Unternehmens, desto besser die Übereinstimmung mit dem Kandidatenprofil. Durch coachingbasierte Interviews, die u. a. Techniken wie aktives und passives Zuhören, Paraphrasieren und systemisches Fragen beinhalten, können die Anforderungs- und Kandidatenprofile viel genauer abgebildet und aufeinander abgestimmt werden. Nicht nur die Position als solche ist klarer konturiert. Auch das gesamte Aufgabenfeld kann im Sinne einer systemischen Umfeldanalyse mit in das sogenannte Profiling einbezogen werden.

Recruiter mit Coaching-Kompetenz sind hier gegenüber reinen Fachberatern klar im Vorteil. Indem sie die Kandidaten nicht nur beraten, sondern auch coachen, erhöhen sie deren Chancen auf einen überzeugenden Auftritt in der Bewerbung erheblich. Aus diesem Grund bieten immer mehr sogenannte Outplacement-Unternehmen neben Beratung auch Coaching an und suchen nach Personalberatern, die coachen können. Diese Unternehmen sind darauf spezialisiert, freigestellte Mitarbeiter wieder in Beschäftigung zu bringen,

Übersicht: Häufige Coaching-Motive und -Anlässe

Persönliche Motive und Anlässe	Berufliche Motive und Anlässe
• Persönlichkeitsentwicklung	• Change Management
• Selbstreflexion	• Führungskräfteentwicklung
• Standortanalyse	• neue Führungsaufgabe
• Selbstfindung	• Rollenverständnis klären
• Lebensentwurf	• Umgang mit Komplexität
• Neuorientierung zum Beispiel nach Pensionierung	• Zeit- und Selbstmanagement
• Zielfindung	• Work-Life-Balance
• Entscheidungsfindung	• Burn-out
• Karriere-/Laufbahnberatung,	• Konfliktklärung
• Wunsch nach mehr Ausstrahlung und Erfolg	• Teamentwicklung
• allgemeine Krisenbewältigung	• Organisationsberatung
• Sinnkrisen	• Unternehmenskultur
	• Leitbildentwicklung
	• Unternehmensnachfolge
	• Sinnfragen
	• Outplacement

3. Häufig zitiert und oft verwechselt: Was Coaching ist und was nicht

Coaching wird gerne mit *Beratung, Training, Mentaltraining, Supervision, Mediation* und *Therapie* in einen Topf geworfen. Trotz der Einordnung von Coaching als „Containerbegriff" für unterschiedlichste Entwicklungsmaßnahmen (Rauen 2005, S. 33) lässt sich Coaching klar abgrenzen und definieren (Rauen 2003, S. 1). Beginnen wir dieses Kapitel daher mit einer offiziellen Coaching-Definition, bevor wir es gegenüber anderen Beratungsformen abgrenzen.

Coaching-Definition des DBVC

Der Deutsche Bundesverband Coaching e.V. (DBVC) definiert in seinem Kompendium Coaching wie folgt:

„Coaching ist die professionelle Beratung, Begleitung und Unterstützung von Personen mit Führungs- und Steuerungsfunktionen und von Experten in Organisationen. Coaching richtet sich auch auf die entsprechenden sozialen Gruppen und organisationalen Systeme. Sowohl im Einzel- wie im Mehrpersonen-Coaching wird dieser soziale und organisationale Kontext immer berücksichtigt."

Zu den Zielen von Coaching heißt es weiter:

„Coaching zielt auf die Weiterentwicklung von individuellen oder kollektiven Lern-Leistungsprozessen bzgl. primär beruflicher Anliegen." Dieser Vorgang kann laut dem DBVC entwicklungsfördernd, orientierunggebend oder problemlösend sein. Weiter heißt es:

„Als ergebnisorientierter Prozess dient Coaching der Stärkung und dem Erhalt der Leistungsfähigkeit, der Förderung von Selbstführung und gesunder „Work-Life-Balance", wie es im heutigen Sprachgebrauch heißt.

Als ein auf individuelle Bedürfnisse abgestimmter Beratungsprozess unterstützt der Coach seinen Klienten bei der Verbesserung der beruflichen Situation und dem Gestalten von Rollen unter anspruchsvollsten

> *Bedingungen. Durch die Aktivierung der menschlichen Potenziale soll die wertschöpfende und zukunftsgerichtete Entwicklung des Unternehmens/ der Organisation gefördert werden. Effekte durch Coaching sollen einer laufenden Qualitätskontrolle unterzogen werden."*
>
> Zu Coaching als Beratungsformat heißt es auszugsweise: *„Ein grundlegendes Merkmal des professionellen Coachings ist die Förderung der Selbstreflexion und -wahrnehmung und die selbstgesteuerte Erweiterung bzw. Verbesserung der Möglichkeiten des Klienten bezüglich Wahrnehmung, Erleben und Verhalten."* (DBVC 2012, S. 20).

Kurz gesagt, zielt Coaching darauf, Hilfe zur Selbsthilfe in Selbstverantwortung zu leisten, indem beim Klienten Selbstwahrnehmung und Selbstreflexion gefördert und damit seine Entscheidungs- und Handlungsfähigkeit erhöht werden.

Konkret geht es darum, folgende Kompetenzen zu optimieren:

- Reflexionskompetenz
- Sachkompetenz
- Handlungskompetenz
- Selbstkompetenz

Außerdem findet Coaching in Phasen statt, ist also als Begleitung in einem Entwicklungsprozess zu verstehen (Zimmermann 2011, S. 231).

Schließlich biete ich Ihnen noch meine Definition von Coaching an. Sie ist geprägt vom Berufsbild des DBVC und meinem Selbstverständnis als Coach:

Coaching ist eine vertrauliche, auf Freiwilligkeit beruhende Einzelberatung von psychisch gesunden Menschen, die bewirkt, dass der Klient eigenverantwortlich und aus sich heraus eine Lösung findet. Dabei bedient sich der Coach wissenschaftlich anerkannter Methoden und Techniken mit philosophisch-psychotherapeutischen Wurzeln. Ziel des Coachings ist es, dem

Klienten eine nachhaltige, dauerhafte Veränderung durch neue Perspektiven, Einsicht in die eigene Persönlichkeitsstruktur, das Aufspüren und Aktivieren von Ressourcen und das Lernen aus Erkenntnis und Erfahrung zu ermöglichen.

Coaching ist nicht gleich Coaching: Kommen Personen mit persönlichen Anliegen ins Coaching, so handelt es sich um *Life Coaching* oder *Personal Coaching*. Coachings aus beruflichen Anlässen werden als *Business Coaching* bezeichnet. Persönliche und berufliche Aspekte sind in vielen Fällen miteinander verwoben, sodass ein Coach immer beide Seiten im Blick haben muss. Darüber hinaus wird noch zwischen Einzel-, Team- und Gruppen-Coaching unterschieden, je nach Anzahl der Klienten im Setting. Eine spezielle Form des Business Coachings ist das Executive Coaching. Hier handelt es sich um das Coaching von Personen, die dem Topmanagement von Unternehmen und Organisationen angehören.

Business Coachings werden in vielen Fällen von Unternehmen in Auftrag gegeben und finanziert. Es kommen aber auch Personen mit beruflichen Themen als Privatzahler ins Coaching. Denn nicht immer ist es erwünscht, dass der Arbeitgeber vom Coaching erfährt. Personal bzw. Life Coachings dagegen werden ausschließlich von Privatpersonen in Anspruch genommen.

Coaching als Expertise betrachtet, erfordert von denjenigen, die sich Coach nennen, ein professionelles Selbstverständnis. Der „Beruf" Coach sollte daher von lebens- und berufserfahrenen Personen ausgeübt werden, die eine professionelle Coaching-Ausbildung vorweisen können. Im Idealfall sollten sie über psychologische Kompetenz zum Beispiel als psychologischer Berater, Heilpraktiker für Psychotherapie, Psychologe oder Psychotherapeut verfügen. Sie sind in der Lage, ihre Klienten in all ihren Lebensbereichen abzuholen und bieten einen interdisziplinären, ganzheitlichen Coaching-Ansatz. Vorteilhaft ist – auch im Hinblick auf Team-Coaching – Erfahrung im Umgang mit Gruppendynamik sowie mit der Moderation von Gruppen.

Innerhalb des Coaching-Spektrums gibt es verschiedene Ansätze, die entweder mehr zum Hilfe-zur-Selbsthilfe-Prinzip tendieren oder in Richtung Beratung gehen. Die Neurolinguistische Programmierung (NLP) ist so ein Grenzfall. Sie läuft zwar unter Coaching, ist aber eher als eine Form der direktiven Beratung anzusehen.

Beratung: Als Ratgeber Lösungen anbieten

Auch Beratung kursiert als nicht klar definierter Sammelbegriff. Während hierzulande die Auffassung vorherrscht, dass jeder naturgegeben beraten kann, hat sich im angloamerikanischen Raum mit Counselling ein schon traditionsreiches Professionsverständnis für Beratung herausgebildet. Hinweise dazu liefern gesetzliche Regelungen, Ethik-Codes für Berater, lizenzierte Ausbildungen, Hochschulstudiengänge, Fachgesellschaften, umfassende Literatur über und Kongresse zum Thema Beratung. In Deutschland ist die Entwicklung dieses Professionsverständnisses noch nicht so weit, wenngleich sich Tendenzen zu einem Entwicklungsschub andeuten (Nestmann/Engel/Sickendiek 2007, S. 36).

Um professionell zu agieren, müssen Berater über eine themenunabhängige Kommunikationskompetenz und eine fachspezifische Wissenskompetenz verfügen. Erst wenn diese beiden Kompetenzen zusammentreffen, kann von professioneller Beratung gesprochen werden. Diese „Doppelverortung" von Beratung erfordert umfassende Kenntnisse in Kommunikations-, Handlungs- und Interaktionsmodellen einerseits und profundes Fachwissen im Beratungsthema andererseits (ebd., S. 35). Beratung ist also nicht als eigenständige Methode anzusehen, sondern als eine „Querschnittsmethode", die nahezu alle Berufsfelder wie Betreuung, Psychotherapie, Heilkunde, Bildung etc. durchzieht (ebd., S. 34).

Ein Coach kann in vielen Rollen unterwegs sein.
Er muss es nur wissen.

Bei einer Beratung gibt ein Experte sein Wissen gegen Honorar an andere weiter. Das heißt, er analysiert, zieht Schlussfolgerungen und macht Vorschläge für die weitere Vorgehensweise. Zu seinen Kunden zählen einzelne Personen oder Unternehmen. Im Gegensatz zum Coaching gibt Beratung Lösungen vor. Beim Coaching ist es die Aufgabe des Klienten, unter Anleitung des Coachs die Lösung für sein Problem selbstständig und eigenverantwortlich zu finden. Während eines Coachings kann Beratung (als Querschnittskompetenz) stattfinden, wenn der Coach aufgrund seiner Expertise für spezielle Fragen die passende Lösung parat hat und der Klient die Beratung wünscht. Wichtig dabei ist, dass der Coach sich seiner Doppelrolle als Coach und Berater bewusst ist und dem Klienten mitteilt, wann er in welcher Rolle ist.

Training: Wissen und Fähigkeiten weitergeben

Beim Training geht es darum, Fähigkeiten zu vermitteln, zu erweitern, zu vertiefen und Verhalten zu trainieren. Ein Trainer verfügt über Trainingskompetenz und kennt sich mit gruppendynamischen Prozessen aus. Auch im Einzel- oder Team-Coaching kann Training vorkommen. So ist zum Beispiel Kommunikationstraining ein häufig anzutreffendes Element in einem Coaching-Prozess. Hier gilt es, die Doppelrolle Trainer und Coach bewusst wahrzunehmen und auszufüllen.

Mentaltraining: Der inneren Führung vertrauen

Unter Mentaltraining versteht man eine geistige, von Ideologien und Religionen unabhängige Technik zur persönlichen Zielerreichung und zur Lösung von Problemen. Es basiert auf psychologischen und philosophischen Erkenntnissen. Was auf geistiger Ebene präsent ist, manifestiert sich in der Wirklichkeit in materieller Form, so die Grundannahme. Mentaltraining arbeitet mit Affirmationen (positive, bejahende Aussagen), Gefühlen und Imaginationen (inneren

Bildern), die mit dem erwünschten Zustand im Einklang stehen. Eindrucksvolle Belege des Mentaltrainings begegnen uns im Profisport, wo es normaler Bestandteil des Trainingsalltages ist. Wer im Wettkampf siegen will, muss im Geiste schon gewonnen haben. Nach diesem Prinzip funktionieren alle Schöpfungsprozesse. Erst gibt es eine kreative mentale Phase, dann eine Phase, in der die Ideen umgesetzt werden und Gestalt annehmen. Beim Mentaltraining wird dieses Prinzip methodisch angewendet, ähnlich wie ein Trainingsprogramm, nur auf geistiger Ebene. Für Spitzensportler eine Selbstverständlichkeit, denn sie wissen: Siege erringt man nur mit einer optimalen mentalen Einstellung.

Mediation: Streiten mit Stil

Bei einer Mediation geht es um die Klärung von Konflikten, das heißt um ein eng umfasstes Themengebiet. Mediation erfordert fundiertes Wissen zu Konfliktentstehung und -lösung und darüber hinaus Kenntnisse zu juristischen Fragen, die sich aus Konflikten ergeben können. Ansonsten greift der Mediator zu Werkzeugen, die auch im Methodenkoffer eines Coachs zu finden sind. Auch die Phasen der Mediation ähneln denen des Coaching-Prozesses (Migge, S. 709). Ein Mediator verhält sich zu den am Konflikt beteiligten Personen neutral. Coaching kann Teil der Mediation sein, erfordert aber spezielle Kenntnisse in Konflikt- und Team-Coaching.

In Deutschland besteht keine gesetzliche Regelung für eine Ausbildung in Mediation. Auch die Bezeichnung „Mediator" ist hierzulande gesetzlich nicht geschützt. Die deutsche Gesellschaft für Mediation möchte das ändern und Mediation als eigenständigen Bereich gegenüber Coaching und anderen Beratungsformaten abgrenzen. Meist sind es juristisch vorgebildete Personen, die sich zum Beispiel im Rahmen außergerichtlicher Verhandlungen oder bei Schlichtungsverfahren als Mediatoren betätigen. Die Vorgehensweise ist jedoch nicht festgelegt. Ganz anders in den USA: Dort ist Mediation als ein strukturierter Prozess etabliert.

Dieser Prozess umfasst eine außergerichtliche Streitkultur von der Verhandlung (negotiation) über methodische Unterstützung (facilitation), Prozessbegleitung (meditation) bis hin zu inhaltlichen Vorschlägen zur rechtlich geprüften Lösung (arbitration) (Migge, S. 708).

Mentoring: Alte Hasen helfen jungen Füchsen

Mentoring ist die Patenschaft zwischen einer im Unternehmen erfahrenen Person („Mentor" genannt) und einer neu hinzugekommenen Person („Mentee" genannt). Der Mentor unterstützt den Mentee dabei, sich einzuleben, sich einzuarbeiten und optimal in das Unternehmen zu integrieren. Coaching kann im Rahmen des Mentoring zum Einsatz kommen.

Supervision: Kontinuierlich an der Profession feilen

Supervision ist eine Form der Beratung, die Personen und Organisationen bei der Reflexion und Optimierung ihrer Arbeit begleitet. So überdenkt ein Coach in der Intervisionsgruppe gemeinsam mit Kollegen (ohne Supervisor) oder in der Einzel-Supervision mit einem Supervisor Fälle aus seiner Coaching-Praxis. Ziel ist es herauszufinden, wie er noch anders hätte intervenieren können oder warum ihn ein Fall gefordert oder belastet hat. So hilft Supervision dabei, als Coach immer besser zu werden und belastende Erfahrungen zu verarbeiten. Die Methoden und Techniken in der Supervision ähneln denen des Coachings. Die Intention ist eine andere. Es geht um die kontinuierliche Verbesserung der Coaching-Tätigkeit. Auch der erfahrenste Coach braucht einen Partner, der ihn mit seinem Feedback inspiriert und bei der Selbstreflexion hilft. Denn: Als Coach hört man nie auf zu lernen (Migge, S. 71).

Psychotherapie: Seele und Körper verstehen

Es kann vorkommen, dass im Coaching Themen wie verdrängte Konflikte, depressive Verstimmungen, Ängste oder zwanghaftes Verhalten aufgedeckt werden, die in den Bereich der Therapie gehören und nicht ins Coaching. Hier muss der Coach sehr achtsam sein und verantwortungsvoll handeln. Er muss die Grenzen des Coachings kennen und im Zweifelsfalle den Klienten an einen Therapeuten verweisen. Ein Coach ohne Heilerlaubnis darf nicht therapieren und macht sich strafbar, wenn er es dennoch versucht. Er braucht aber unbedingt so viel psychologische Kompetenz, dass er weiß, wann er die Grauzone zwischen Coaching und Therapie betritt und wie er in solchen Fällen professionell zu handeln hat. Psychologisches Grundwissen vermitteln Coaching-Ausbildungen oder Fortbildungen zum psychologischen Berater, Heilpraktiker für Psychotherapie oder ein Studium der Psychologie.

Die Berufsbezeichnung „Psychotherapeut" dürfen in Deutschland übrigens nur Psychologische Psychotherapeuten sowie Ärzte mit Psychotherapieausbildung führen, das heißt nur Personen mit Psychologie- oder Medizinstudium, die zusätzlich eine mehrjährige Ausbildung zum Psychotherapeuten absolviert und diese mit Staatsexamen abgeschlossen haben. Ein Psychotherapeut behandelt gezielt psychische und psychisch bedingte körperliche Störungen und Krankheiten mithilfe psychologischer Methoden und Techniken.

Coaching bezieht sich auf die Weiterentwicklung psychisch gesunder Menschen und nicht auf die Heilung psychischer Störungen mit Krankheitswert. Die Hauptzielrichtung von Coaching ist es, Klarheit zu schaffen, Entwicklung zu fördern und andere Sichtweisen zu ermöglichen. Coaching setzt psychische Stabilität und eine intakte Selbststeuerungskompetenz voraus. Das bedeutet, der Klient ist in der Lage, ohne gravierende Beeinträchtigungen durch seelische Leiden sein Leben selbstständig zu führen und zu gestalten und dabei sich selbst und andere nicht zu gefährden. Letzteres gilt natürlich auch für den Coach. Er sollte seine eigenen „Baustellen" im Rahmen von Coaching oder in einer Therapie aufgearbeitet haben, damit er andere unbelastet coachen und sich voll auf seine Klienten konzentrieren kann. Umgekehrt können Coaching-Methoden auch für Psychotherapeuten eine sinnvolle Ergänzung ihres Repertoires darstellen, da therapeutische Prozesse ihrerseits durchaus auch in den Bereich des Coachings hineinreichen können.

Auf einen Blick: Drei Ansätze im Vergleich
(in Anlehnung an Zimmermann 2015)

	Coaching	**Beratung**	**Therapie**
Basiert auf...	Verwendung psychotherapeutischer Methoden und Interventionen; Kommunikationsmodellen, lösungsorientierten Ansätzen, kreativen Techniken zur Zielfindung und Zielerreichung	fachlicher Unterweisung	Anwendung psychodynamisch-tiefenpsychologischer Verfahren, humanistisch-erlebnisorientierter Verfahren, interpersoneller sowie systemischer Therapien und von Verhaltenstherapie
Rollen	Coach als Prozessgestalter, Beobachter, Sparringspartner, „Geburtshelfer"; Coach und Klient auf Augenhöhe	Fachberater, Experte	Heilkundler, Arzt, Therapeut; Patient mit seelischem Leiden sucht Hilfe beim Therapeuten. Mehr oder weniger großes „Gefälle" im Therapeuten-Patienten-Verhältnis
Fokus auf ...	Aktualisierung und zielgerichtete Aktivierung von Ressourcen, Verhaltensänderung vornehmlich im beruflichen Kontext	Inhalte, Lösungen, Wiederherstellen der Handlungsfähigkeit	Störungen, Krankheiten, Diagnosen; Gesamtperson wird angesprochen (Lebensbiographie, alle Lebensbereiche, Symptome, Traumata, etc.)
Tätigkeit	Reflexionsprozesse anstoßen, selbst gesteuerte Wahrnehmung fördern	Unterstützung bei schwierigen Fragen und Problemen leisten	psychische Erkrankungen/Störungen behandeln

	Coaching	Beratung	Therapie
Bewirkt ...	Veränderte Standpunkte, Erweiterung der Möglichkeiten und des Handlungsspektrums, Verhaltensänderung, Störungsminimierung	Wissenszugewinn, „gute Lösungen"	Linderung, Heilung, Verarbeitung unbewältigter Konflikte, Symptomreduktion bzw. -beseitigung, Selbstkontrolle, neues Selbstkonzept
Bedeutet ...	Hilfe zur Selbsthilfe leisten	Entscheidungshilfe geben, Lösungsansätze bieten	Diagnosen stellen und spezifische Therapien anwenden

Alles, nur kein Coaching

Nachfolgend eine Auswahl von Beratungsangeboten mit dem Zusatz „Coaching":

Astro-Coaching
Design-Coaching
Energie-Coaching
Einkaufs-Coaching
Einrichtungs-Coaching
Ernährungs-Coaching
Event-Coaching
Finanz-Coaching
Hochzeits-Coaching
Lauf-Coaching
Schreib-Coaching
Yoga-Coaching usw.

Sicher kennen Sie noch weitere solcher Beispiele. Mit der ursprünglichen Idee von Coaching haben diese Beratungsangebote nichts zu tun. Was aber nicht ausschließt, dass ein Anbieter solcher Dienstleistungen ein professioneller Berater und zugleich Coach ist, der seine Coaching-Kompetenz in sein Beratungsangebot einbringt.

*Sie ziehen nur das an,
was Sie schon sind.*

II. Wegbegleiter aus Berufung: Warum es so faszinierend ist, Coach zu sein

Kaum jemand vertraut heute noch darauf, über Jahrzehnte in derselben Firma unbefristet beschäftigt zu sein und dort eine „Kaminkarriere" zu realisieren. Eine wachsende Zahl ambitionierter Arbeitsnomaden zieht es deshalb vor, mehrmals den Arbeitgeber oder den Beruf zu wechseln, nicht selten, um letztendlich sogar selbst ein Unternehmen zu gründen. Deshalb verfügen viele Menschen heutzutage nicht nur über eine Berufsausbildung, sondern gleich über mehrere. Befragt nach ihren Gründen, warum sie nicht bei einem Beruf bleiben, kommen Antworten wie:

- „Es gibt mir ein gutes Gefühl. Wenn in dem einem Beruf nichts mehr läuft, wechsle ich zum nächsten."
- „Ein Beruf reicht heutzutage nicht mehr aus. Man muss viel bieten, damit man immer eine Chance auf einen Job hat."
- „Ich bin dadurch unabhängig und flexibel und es gibt mir mehr existenzielle Sicherheit."
- „Ich bin vielseitig interessiert und würde mich gerne in vielen unterschiedlichen Berufen erproben."
- „Mich interessieren andere Kulturen, und ich möchte gerne viel rumkommen und andere Menschen kennenlernen."

Das heißt, einerseits geht es um Existenzsicherung, andererseits um Erfüllung im Berufsleben. Für Arbeitgeber ist dieses

Phänomen eine harte Nuss. Wenn das Rundum-sorglos-Paket sozialer Absicherungen, ein schicker Firmenwagen und eine attraktive Vergütung nicht mehr ziehen, womit sind die sogenannten Leistungsträger dann noch zu halten? Materielle Werte verlieren zunehmend an Reiz. Denn immer mehr Menschen streben nach einer Tätigkeit, die nicht nur ihr Einkommen sichert, sondern sie zu höheren Zielen wie Selbstverwirklichung, Sinnfindung und Sinnstiftung führt (Müller 2013). Und das können völlig unterschiedliche Tätigkeiten sein, je nach Alter, Entwicklungsstand, Reife, Berufserfahrung und Lebensumständen. So kann der Beruf, den ein Arbeitnehmer mit Feuereifer begonnen hat, nach einiger Zeit seinen Reiz für ihn verlieren. Oder er erkennt während der Berufstätigkeit, dass noch ganz andere Talente in ihm schlummern, die er weiterentwickeln möchte. Zum Beispiel entdeckt eine Führungskraft, dass sie andere nicht nur fachlich beraten kann, sondern die Gabe hat, Menschen tief zu berühren und in ihnen die Lust auf Veränderungen zu wecken.

> *Anderen zu helfen, sich selbst besser zu verstehen, ist eine starke Sinnerfahrung mit hohem Glückspotenzial.*

So haben immer mehr Berufstätige den Wunsch, als Coach tätig zu sein und anderen zu helfen, im Berufs- wie im Privatleben ihre Lebensqualität zu steigern. Sie vereinigen ihre Lebens- und Berufserfahrungen mit Coaching-Kompetenz zu einer einzigartigen „Quelle der Beratung und Sinnstiftung". Hinzu kommt, dass man es als Coach in der Regel mit motivierten Menschen zu tun hat, die an sich arbeiten und persönlich wachsen wollen. Der Umgang mit solchen Menschen wirkt sich wiederum positiv auf das eigene Lebensgefühl aus. Die speziellen beruflichen und persönlichen Anliegen der Klienten stellen den Coach vor immer neue Herausforderungen und lassen keine Routine aufkommen. Das Faszinierende an dieser Tätigkeit ist, dass jeder Coaching-Prozess auch dem Coach Impulse zur eigenen Weiterentwicklung gibt. So wird die Rolle als Coach mit der Zeit zu einer tragenden Haltung, die sich dieser gleichsam als Facette seiner Persönlichkeit zu eigen macht; das Coach-Sein wird zu einem Teil seiner selbst. Wer von diesem „Virus" einmal befallen ist, wird ihn nicht mehr los. Machen Sie sich klar: einmal Coach – immer Coach.

1. Erfüllungssuche: Fünf gute Gründe, Coach zu werden

Im Jahr 2014 führte ich eine kleine explorative Studie mit 50 frisch ausgebildeten angehenden Coaches durch. Die Ergebnisse weisen auf Tendenzen und Trends hin, die auch aus anderen Umfragen bekannt sind.

Auf die Frage: „Warum haben Sie eine Coaching-Ausbildung besucht?" nannten die Befragten folgende Gründe:

1. Weil ich meine Persönlichkeit weiterentwickeln möchte.
2. Weil Coaching-Kompetenz für Führungskräfte immer wichtiger wird.
3. Weil ich als Angestellter meinen Beruf/meine Funktion durch Coaching-Kompetenz noch professioneller ausüben kann.
4. Weil ich mich in der Zukunft als Coach selbstständig machen will.
5. Weil ich schon selbstständig bin und mein Trainings-/Beratungsangebot um Coaching erweitern möchte.

Im Folgenden werden die einzelnen Gründe noch ausführlicher beleuchtet.

Jetzt bin ich dran: Coach werden, um die eigene Persönlichkeit weiterzuentwickeln

Mehr als zwei Drittel der Befragten haben diese Antwortmöglichkeit gewählt. Immer wieder höre ich von Coaching-Schülern – Männern wie Frauen –, dass sie die Ausbildung in erster Linie für sich selbst absolvieren wollen, weil sie sich davon tiefere Einblicke in ihre Persönlichkeit und Impulse für ihr persönliches Wachstum versprechen. Mit der schriftlichen Anmerkung „Eine Coaching-Ausbildung ist eine Persönlichkeitsfortbildung" brachte es ein weiblicher Coach in der Umfrage auf den Punkt. Ein angehender männlicher Coach schrieb: „Als Erstes würde ich sagen, dass man wissen sollte, was man mit einer solchen Ausbildung erreichen möchte. Welche Ziele man hat. […] Man sollte eine solche Ausbildung nicht machen wollen, weil man seine eigenen Probleme lösen möchte, sondern weil man gerne mit Menschen zu tun hat, gerne zuhört und gerne anderen Menschen zur Seite steht und anderen Menschen für ihren Lebensweg Hinweise und, wenn möglich, Wegweiser für den weiteren Lebensweg zur Verfügung stellen möchte. Ich sehe die Aufgabe eines Coaches in der Hilfe zur Selbsthilfe. Das ist genau der Grund, warum ich mich persönlich weiterentwickeln möchte. Ich bin in einem beratenden, technischen Beruf tätig und ich merke immer wieder, dass es mir Freude macht, mit Menschen zu reden, Ihnen zuzuhören und sie natürlich in meinem technischen Fachgebiet zu beraten, aber auch auf der menschlichen Seite für sie da zu sein."

Hinter dem Motiv, Coachen zu lernen, steht das Bedürfnis nach mehr Menschlichkeit im Umgang miteinander, der Wunsch, die Fähigkeit zu erlangen, anderen nicht nur fachlichen Rat, sondern auch Impulse für persönliches Wachstum geben zu können. Und das gelingt am besten, wenn man sich selbst weiterentwickelt. So sehen es viele, die Coach werden wollen oder es geworden sind. Persönlichkeitsentwicklung für den Coach bedeutet, seinen Lebensweg und seine Werte zu reflektieren, seine sozialen, methodischen und fachlichen Kompetenzen zu erhöhen, systemisch denken zu lernen, unterschiedliche Coaching-Ansätze auszuprobieren und an sich selbst zu erfahren, was sie bewirken können.

Zu erkennen, wie Sinn entsteht, wie man für sich selbst und andere zum Sinnstifter wird, ist ein Erlebnis nach dem sich offenbar viele Menschen sehnen. Meiner Erfahrung nach trifft dies zunehmend auf Menschen zu, die sich in der Lebensmitte befinden und sich sinnorientiert ausrichten möchten.

Führen mit Weitsicht: Weil Coaching-Kompetenz für Führungskräfte immer wichtiger wird

Als zweitwichtigsten Grund für eine Coaching-Ausbildung gab die Hälfte der Befragten die wachsende Bedeutung von Coaching-Kompetenz für Führungskräfte an. Die Ansprüche an Führungskräfte sind enorm gestiegen. Man erwartet von ihnen weniger, dass sie andere anweisen, als vielmehr, dass sie sich selbst und ihre Mitarbeiter stetig weiterentwickeln. Im führungstechnischen Vokabular heißt das, Mitarbeiter optimal abholen können und ihre Fähigkeit stärken, eigenständig und eigenverantwortlich zu handeln. In Stellenanzeigen für Führungskräfte – insbesondere im Bereich Personalentwicklung – findet man immer häufiger „Coaching von Mitarbeitern" im Anforderungsprofil. Kein Zweifel: Führungskräfte, die coachen lernen, steigern ihren „Marktwert" und ihre Chancen auf eine attraktive Position erheblich.

Wer Menschen führen und coachen kann, führt nicht nur effizienter, sondern trägt auch zu einem besseren Betriebsklima und zu einer gedeihlicheren Unternehmenskultur bei.

Beziehungspflege de luxe: Weil ich als Angestellter meinen Beruf/meine Funktion durch Coaching-Kompetenz noch professioneller ausüben kann

Man muss jedoch nicht unbedingt eine Führungskraft sein, um von Coaching-Kompetenz zu profitieren. So sieht es auch die Hälfte der befragten angehenden Coaches. Wer zum Beispiel im Bereich Kundenbetreuung, Beratung oder Vertrieb tätig ist, kann von Coaching-Kompetenz enorm profitieren. Dabei geht es nicht um Kundenbeeinflussung durch rhetorische Winkelzüge oder manipulative Kommunikationstechniken, die dem NLP (Neuro-Linguistisches Programmieren) entlehnt sind. Es geht vielmehr darum, mit dem Kunden eine vertrauensvolle Beziehung aufzubauen und seine Bedürfnisse optimal zu erfassen, bevor man die Beratung oder das Verkaufsgespräch beginnt. Mitarbeiter mit Coaching-Kompetenz betreuen ihre Kunden effektiver und effizienter. Sie können mit Reklamationen professioneller umgehen und schonen so die Nerven strapazierter Kunden und ihre eigenen. Sie tragen dadurch zu einer langfristigen, ertragreichen Kundenbeziehung und somit erheblich zum Unternehmenserfolg bei.

Unternehmen mit Coaching-Kultur haben die Nase vorn.

Nicht nur in der Beziehungspflege nach außen, auch nach innen ist Coaching-Wissen hilfreich. So kann mancher Konflikt unter Kollegen vermieden oder ohne großen Schaden beigelegt werden. Unter diesem Aspekt ist angewandtes Coaching-Wissen ein ideales Mittel, um Burn-out und Mobbing den Nährboden zu entziehen und ein Segen für das ganze Unternehmen. Unternehmen sind daher gut beraten, so viele Mitarbeiter wie möglich in Coaching fortzubilden.

Wunsch nach Selbstbestimmung: Weil ich mich in der Zukunft als Coach selbstständig machen will

Knapp die Hälfte der Befragten möchte sich über kurz oder lang als Coach selbstständig machen. Einige wollen so lange warten, bis sie in Rente gehen, andere sagen, dass sie erst einmal nebenberuflich als Coach starten möchten.

Oft höre ich von Coaching-Schülern, dass sie es vorziehen, für die nächsten Jahre angestellt zu bleiben und das „selbstständige Coach-Sein" als Option für die Zukunft sehen. Dabei haben sie jedoch keine klaren Vorstellungen davon, wie das konkret aussehen könnte. Diese Aussagen spiegeln sich auch in den Umfrageergebnissen wider. 25 Prozent der Befragten wissen noch nicht, ob sie sich selbstständig machen werden und immerhin 18 Prozent wollen sich gar nicht selbstständig machen.

Vorsprung sichern: Weil ich schon selbstständig bin und mein Trainings-/Beratungsangebot um Coaching erweitern möchte

Viele Trainer machen die Erfahrung, dass ihre Kunden mehr erwarten als das Trainieren von Verhaltensweisen und Fähigkeiten. Sie möchten zusätzlich gecoacht werden oder wünschen sich das für ihre Mitarbeiter. Daher bieten die meisten Trainer Coaching an, wobei (noch) nicht alle darin ausgebildet sind. Um die Nachfrage professionell bedienen zu können, absolvieren immer mehr Trainer eine Coaching-Ausbildung.

In der Unternehmens- und Personalberatung ist es ebenfalls sinnvoll, Berater zu Coaches auszubilden, um das Beratungsangebot um Coaching zu erweitern. Beraten *und* Coachen führt zu einer umfassenderen, ganzheitlichen Beratungsleistung, zu intensiveren Kundenbeziehungen und zu tragfähigeren Lösungen für alle Beteiligten. So stehen die Chancen deutlich besser, dass nach dem Coaching Konzepte von den Mitarbeitern tatsächlich umgesetzt werden und nicht mehr, wie oft üblich, in der Schublade landen.

In meiner Umfrage gaben 18 Prozent an, eine Coaching-Ausbildung anzustreben, um ihr Trainings- und Beratungsangebot zu erweitern.

2. Erfolgsaussichten: Wie Experten den Coaching-Markt einschätzen

In den letzten Jahren war und ist immer wieder die Rede von einem Coaching-Hype: Die einen sprechen von einem angebotsgetriebenen, die anderen von einem nachfragegetriebenen Hype. Die Wahrheit liegt wohl irgendwo dazwischen. In den Medien wurde und wird Coaching zum Shootingstar der Weiterbildungsbranche hochstilisiert, was seiner Popularität einen weiteren Schub verleiht. In Dax-Unternehmen ist Coaching schon weitgehend etabliert, in mittelständischen Unternehmen hingegen längst noch nicht. Doch das ändert sich gerade.

Umfragen von Beraterportalen, nationale und internationale Coaching-Verbände und einzelne Beratungsinstitute liefern die derzeit vorliegenden Informationen zum Coaching-Markt. Oft zitiert wird hierzulande die Marburger Coaching-Studie, die vom Lehrstuhl für Technologie- und Innovationsmanagement der Philipps-Universität Marburg durchgeführt worden ist. Dank dieser Umfragen ist der Coaching-Markt etwas transparenter geworden. Trotz der immer noch bestehenden Undurchsichtigkeit des Marktes dürfen daher vorsichtige Prognosen über den künftigen Bedarf an Coaching gewagt werden.

Gemäß der dritten Marburger Coaching-Studie 2013 arbeiten etwa 8.000 Business Coaches in Deutschland und zwar hauptsächlich als Einzelanbieter (59 Prozent). Die Anzahl an Coaches insgesamt dürfte weit darüber liegen, da Personal Coaches, Trainer, die Coaching anbieten und die schon früher erwähnten „Pseudo-Coaches" nirgendwo in ihrer Gesamtheit erfasst sind. Auf dem Internetportal „Coaching-Report" (http://www.coaching-report.de/) von Christopher Rauen sind unter dem Stichwort „Coaching-Markt" Informationen zum internationalen und zum deutschen Coaching-Markt zusammengefasst. Unter anderem erfährt der Leser dort, dass zunehmend kleine und mittelständische Unternehmen (KMU) Coaching nachfragen. Es ist also davon auszugehen, dass der Markt im Bereich Business Coaching weiter wachsen wird. Nach den Ergebnissen der Marburger Coaching-Studie 2013 sind außerdem Anzeichen für eine steigende Nachfrage von Einzelpersonen zu erkennen. Das heißt, dass immer mehr Personen außerhalb von Unternehmen aus persönlichen und/oder beruflichen Anlässen als Selbstzahler einen Coach aufsuchen (http://www.coaching-report.de).

Zu der Frage, ob der Markt mit Coaches gesättigt ist oder nicht, gibt es widersprüchliche Aussagen. Letztendlich wird die Marktentwicklung zeigen, welche Einschätzungen zutreffen.

Bei der von mir durchgeführten Umfrage schätzten 70 Prozent der Befragten, dass der Bedarf an Coaches weiter steigen wird, jedoch mit Einschränkungen, wie zwei Anmerkungen zeigen: „Der Bedarf an guten Coaches wird weiter steigen, der Bedarf an Wald- und Wiesen-Coaches ist gesättigt.", so die erste Anmerkung. Die andere lautet: „Derzeit ist der Markt voll von Coaches, die alles anbieten, oft einen ganzen Bauchladen an Leistungen. In der Zukunft wird sich das verändern. Darauf sollten sich Verband, Ausbilder und Coaches einstellen. Ein tragfähiges, spezifisches Profil zu entwickeln, wird zur Überlebensbedingung für Coaches, dieses zu vermitteln zusätzliche Aufgabe für Ausbilder, das Dach zu stützen, Verpflichtung des Verbands."

Die Aussagen betreffen die Aspekte Spezialisierung und Positionierung. Sie gehen konform mit Empfehlungen von Coaching-Experten und Marketingspezialisten für den Beratungsmarkt. Demnach macht es keinen Sinn, als Generalist aufzutreten und jeglichen Coaching-Bedarf abdecken zu wollen.

Der Trend im Coaching-Markt geht ganz klar zu einer Differenzierung und Segmentierung der Dienstleistung Coaching (Drath 2012, S. 48–49).

Nur wer sich darauf einstellt und sich als unverwechselbare Marke positioniert, hat eine Chance als selbstständiger Coach erfolgreich zu sein. Denn wenngleich der Markteintritt relativ einfach erscheint, so ist der Aufbau einer tragfähigen Coaching-Praxis eine echte Herausforderung, die nicht zu unterschätzen ist. Doch dazu später mehr im Kapitel „Der Coach als Unternehmer".

Lohnt es sich denn noch, Coach zu werden?

Zum Schluss dieses Kapitels eine Frage, die Ihnen bestimmt auf den Nägeln brennt: Lohnt es sich noch, Coach zu werden? Ich möchte diese Frage so beantworten: Ja, es lohnt sich,

- für alle, die in der Personalentwicklung tätig und für Coaching-Maßnahmen zuständig sind oder die planen, Coaching in einem Unternehmen zu etablieren. Es ist immer von Vorteil, über die fachliche Kompetenz zu verfügen, die man für andere „einkauft" und die man beurteilen muss.
- wenn Sie Ihre Führungskompetenz erweitern wollen. Meiner Meinung nach ein absolutes Muss, um für die umwälzenden Veränderungen in der Arbeitswelt und die Anforderungen an eine neue Führungskultur gerüstet zu sein. Erfreulicher Nebeneffekt: Ihre Karrierechancen steigen.
- wenn Sie Ihre soziale Kompetenz optimieren möchten, um Ihre beruflichen Aufgaben noch besser erfüllen zu können. Mit Coaching-Kompetenz erweitern Sie Ihr Verhaltensrepertoire und erzielen so Ergebnisse, die für Sie selbst und andere einen deutlichen Unterschied machen.
- wenn Sie auf eine ganzheitliche, nachhaltige Beratungskompetenz Wert legen. In der Beratungsszene bahnt sich ein Paradigmenwechsel an. Kurzfristige, auf Profit aus-

gerichtete Beratung gehört der Vergangenheit an. Heute erwarten Kunden, dass Lösungen zukunftsfähig sind und umgesetzt werden. Idealerweise verfügt ein Berater zusätzlich zu seinem betriebswirtschaftlichen Wissen über Coaching-Kompetenz, um die Erwartungen an ganzheitliche Beratung erfüllen zu können.

- wenn Sie sagen: „Das ist es mir wert, weil ich in meine Persönlichkeit investieren will und weil eine Ausbildung zum Coach mir dazu eine besondere Chance bietet."
- wenn Sie Ihre Chancen auf dem Coaching-Markt realistisch einschätzen und bereit sind, hart für Ihren Erfolg als selbstständiger Coach zu arbeiten. Und wenn Sie zumindest am Anfang nicht alles auf die Karte „Coaching" setzen, sondern zusätzliche Einnahmequellen erschließen bzw. mehrere Eisen im Feuer haben, um Ihren Lebensunterhalt zu sichern.

*Alle Hindernisse und Schwierigkeiten sind Stufen,
auf denen wir in die Höhe steigen.*

Friedrich Nietzsche (1844–1900),
deutscher Philologe und Philosoph

III. Der Stoff, aus dem die Coaches sind

Inzwischen haben Sie sicher erkannt, das Coaching mehr ist als „Beratung" oder Training und etwas anderes als Therapie. Kommen wir jetzt zu Kernfragen wie: *„Was macht einen guten Coach aus und wie arbeitet ein Coach?"* Vorab einige Zahlen aus der 3. Marburger Coaching-Studie 2013. Mit Bezug auf diese Studie beschreibt Christopher Rauen auf der Seite Coaching-Markt (http://www.coaching-report.de/) die Charakteristika eines Coachs wie folgt:

„Gemäß der 3. Marburger Coaching-Studie 2013 ist ein Business Coach in Deutschland im Durchschnitt 50 Jahre alt und verfügt über eine 11-jährige Berufserfahrung. Mit 47 Prozent ist der Hauptanteil der Coaches selbstständig als Freiberufler tätig. Mit 23 Prozent folgt die Gruppe der selbstständigen Coaches mit eigenem Unternehmen. 41 Prozent der Coaches sind der Studie zufolge in einem Berufs- bzw. Fachverband organisiert. Es besteht ein leichter Überhang an weiblichen Coaches (55 Prozent). Rund 60 Prozent der in der Coaching-Umfrage 2013 befragten Coaches gaben an, über Führungserfahrung zu verfügen.

65 Prozent der in der 3. Marburger Coaching-Studie 2013 befragten Coaches haben einen Hochschulabschluss – häufig in Wirtschaftswissenschaften oder Psychologie. Eine Berufsausbildung absolvierten 33 Prozent der Coaches. 72,2 Prozent haben eine Coaching-Zusatzausbildung absolviert" (Rauen 2001–2016).

Soweit der Steckbrief eines typischen Coachs in Zahlen. Im Folgenden möchte ich Ihnen ein erweitertes Porträt zeichnen und Ihnen eine Vorstellung davon vermitteln, was es bedeutet, ein Coach zu sein.

1. Das wird erwartet: Erfahrung und Expertise

Vom beruflichen Umfeld her sind es meist Führungskräfte und Manager in Spitzenpositionen, die Coaching in Anspruch nehmen. Sie verfügen in der Regel über mehrere Jahre Berufs- und Führungserfahrung. Von einem Coach erwarten sie zumindest einen ähnlichen Erfahrungshorizont und eine gewisse Lebensreife. Es ist kaum anzunehmen, dass sich eine 45-jährige Führungskraft auf ein Coaching mit einem 30-jährigen Coach einlässt. Was nicht heißt, dass von einem 30-jährigen Coach keine wirksamen Impulse ausgehen können. Ich habe einen solchen jungen Coach kennengelernt; mir ist bis dahin niemand begegnet, der in so jungen Jahren eine derart umfangreiche Aus- und Weiterbildung in Coaching nachweisen konnte. Seine Leistungen bietet er Studienabgängern und Berufsstartern an und ist damit für diese Zielgruppe ideal. Gleichzeitig hat er sich aber noch auf anderen Geschäftsfeldern etabliert, sodass er ohne finanziellen Druck seiner Passion Coaching nachgehen und seine Expertise „reifen" lassen kann.

Mitunter ist es so, dass sich Klienten bewusst einen Coach wünschen, der nicht aus der gleichen Branche kommt, nicht das gleiche Geschlecht hat und jünger oder älter ist als sie selbst. Sie möchten andere Sichtweisen kennenlernen und sich von Menschen mit anderen Erfahrungswelten inspirieren lassen.

Grundsätzlich sind die wichtigsten Anforderungen an einen Coach folgende: Berufs- und Führungserfahrung, eine gereifte Persönlichkeit, nachweisliche Coaching-Kompetenz durch Coaching-Aus- und -Weiterbildungen, Seriosität, Seniorität, Verschwiegenheit sowie Ziel- und Ergebnisorientierung.

Gerade für gereiftere Persönlichkeiten bietet der Beruf des Coachs eine wunderbare Möglichkeit, ihren Erfahrungsreichtum mit anderen zu teilen. Es gibt nicht viele Berufe, in denen es ausdrücklich erwünscht ist, zu den reiferen Jahrgängen zu zählen.

Großer Wert wird auf die Persönlichkeitskompetenz gelegt. So fordern Personalentwickler im Interview externe Coaches gerne dazu auf, etwas zu ihrem Selbstverständnis und ihrem Welt- und Menschenbild zu sagen. Wer dann nicht überzeugend darlegen kann, für welche Werte er steht, welchem Coaching-Ansatz er folgt, hat seine Chance, als Coach im Pool gelistet zu werden, meist verspielt. Ausgesprochen wichtig ist das Thema Verschwiegenheit. In diesem Punkt sind Kunden verständlicherweise besonders empfindlich. Ein Coach muss hier klar Position beziehen. Versäumt er das, wird es spätestens dann brenzlig, wenn ein Auftraggeber über den Inhalt und die Ergebnisse des Coachings mit einem Mitarbeiter informiert werden möchte. Was dann?

2. Daran erkennt man sie: Stilsicher und seriös

Am Anfang eines Coaching-Prozesses steht das sogenannte Erstgespräch. Es bildet die Grundlage für eine gedeihliche Zusammenarbeit zwischen Coach und Klienten bzw. zwischen Coach und Auftraggeber. Dabei führt ein professioneller Coach gemäß Drehbuch Regie, lässt aber so viel

Spielraum, dass er die Abfolge der zu besprechenden Punkte flexibel variieren kann.

Das Erstgespräch ist eine anspruchsvolle Coaching-Technik, die erlernt und trainiert werden muss. Es dient dem Kennenlernen und dem Aufbau einer vertrauensvollen Beziehung.

Zum Erstgespräch gehört, dass der Coach seine Arbeitsweise erläutert, sich von manipulativen Techniken distanziert, ideologische Unabhängigkeit bekundet, Verschwiegenheit zusichert und die Erwartungshaltungen aller Beteiligten klärt. Er macht keine Erfolgsversprechen und – unverzichtbar bei Auftragscoaching – weist darauf hin, dass die Inhalte des Coachings vertraulich bleiben.

Die Ergebnisse des Erstgesprächs hält der Coach schriftlich in einem Vertrag fest. Dieser Vertrag beinhaltet alle formalen Aspekte wie zum Beispiel Umfang, Dauer und Ort des Coachings, Honorar und Zahlungsweise, Kündigungsmodalitäten und eine Klausel zur Vertraulichkeit.

Mindestens genauso bedeutsam sind neben den formalen die psychologischen Aspekte der Arbeitsbeziehung. Damit ist gemeint, dass Coach und Klient sich vertrauensvoll auf das Coaching einlassen, die Rollen im Coaching-Prozess klären und der Klient darüber informiert ist, welchen Beitrag er zur Zielerreichung bzw. zum Erfolg des Prozesses zu leisten hat und welcher Beitrag vom Coach zu erwarten ist.

Mitunter heikel anzusprechen sind die Aspekte „Freiwilligkeit" und „Coachbarkeit" des Klienten. Nur mit Klienten, die willens und in der Lage sind, sich coachen zu lassen, kann sinnvoll gearbeitet werden.

Nicht selten gehen Klienten mit psychischen Problemen zu einem Coach anstatt zu einem Therapeuten. Sie wollen nicht als „Psychos" stigmatisiert werden und sehen Coaching als Ersatz für eine Therapie an. In solchen Fällen muss der nichtpsychologische bzw. nichttherapeutische Coach behutsam und mit dem notwendigen Feingefühl den Klienten davon überzeugen, dass er bei einem Therapeuten besser aufgehoben ist. Problematisch sind auch Coachings mit Klienten, die ihr Coaching „verordnet" bekommen haben oder deren Fähigkeit zur Selbstreflexion nur schwach entwickelt ist. Professionelle Coaches prüfen sorgfältig, ob die Voraussetzungen für einen erfolgreichen Coaching-Prozess gegeben sind. Sie arbeiten nur mit Klienten zusammen, für die Coaching das passende Format ist.

Wichtige Bausteine des Erstgesprächs:

- Einstieg – Beziehung herstellen, den Raum des Vertrauens öffnen
- Hinweis auf Diskretion und ideologische Unabhängigkeit geben
- Arbeitsweise erläutern
- auf Eigenverantwortlichkeit des Klienten hinweisen
- Erwartungshaltung des Klienten hinsichtlich des Coaching-Erfolgs klären
- formelle Aspekte wie Anzahl der Settings, Honorar, Zeit, Ort, Rechnungsstellung, Vertrag etc. festlegen
- Coaching-Thema erfassen
- Abschluss: weitere Vorgehensweise klären und danken

3. So arbeiten sie: Methodenreich und meisterlich

Sind die vertraglichen Aspekte geklärt und die Ziele definiert, beginnt die nächste Phase. Nun kommt es darauf an, dass der Coach dem Klienten hilft, seine Stärken zu erkennen und sich bewusst zu werden, wie er die Situation beeinflusst bzw. selbst zum Problem beiträgt. Im Fachjargon spricht man hier von *Ressourcen-Aktualisierung* und *Wirklichkeitskonstruktion*.

Im nächsten Schritt führt der Coach den Klienten dahin, seine Erkenntnisse produktiv umzusetzen und so für sich selbst und andere neue Rahmenbedingungen zu schaffen. Das heißt, der Klient *aktiviert* seine Ressourcen und *konstruiert neue Möglichkeiten (Möglichkeitskonstruktion)* für sich und sein Umfeld (Schlippe/Schweitzer 2010, S. 49).

Am Ende eines Coachings lässt der Coach den Prozess noch einmal Revue passieren und bittet den Klienten um ein Feedback. Dabei geht es darum, wie der Klient den Coaching-Prozess und den Coach erlebt hat, ob seine Ziele erreicht worden sind, was sich für ihn und andere verändert, welche Erkenntnisse er gewonnen hat und wie es nach dem Coaching für ihn weitergeht.

In allen Phasen des Coaching-Prozesses bedient sich der Coach eines umfangreichen Methodeninventars. Dazu gehören an erster Stelle kommunikative Techniken wie die des aktiven Zuhörens und Paraphrasierens sowie sokratische Fragetechniken.

Übersicht Coaching-Prozess

1. Phase: Kennenlernen

Coach und Klient/Coachee lernen sich kennen. Der Coach klärt Erwartungen und Ziele des Klienten und erläutert seine Arbeitsweise. Die Rahmenbedingungen werden in einem Vertrag festgehalten. Der Coach macht sich ein Bild von den Zielen des Klienten und bildet erste Hypothesen zum Fall.

2. Phase: Der Tanz um das Ziel

Der Coach überprüft die Ziele des Klienten. Er versucht zu verstehen, wie der Klient seine Wirklichkeit konstruiert und in welchen Systemen er wie eingebunden ist. Je nach Ausgang der Umfeldanalyse ändert er die Hypothesen aus Phase 1 oder behält sie bei. Der Klient wird dadurch angeregt, seine Ziele zu überdenken und bekommt erste Impulse für einen Perspektivenwechsel.

3. Phase: Mit anderen Augen sehen

Der Coach hilft dem Klienten, seine Ressourcen zu aktualisieren. Der Klient wird sich seiner Stärken und Potenziale bewusst. Er erkennt, wie er und die Menschen in seinen Systemen zueinander stehen und sich gegenseitig beeinflussen. Er gewinnt Abstand zur Situation und lernt, sie mit anderen Augen zu betrachten.

4. Phase: Veränderungen realisieren

Der Coach setzt Impulse, die den Klienten ermutigen, seine Stärken und Fähigkeiten in der Wirklichkeit zu erproben. Mit geänderten Einstellungen erzeugt der Klient eine andere Resonanz in seinen Systemen und macht neue Erfahrungen. Als Sparrings- und Reflexionspartner unterstützt der Coach den Klienten dabei, seine Ressourcen zu aktivieren, sein neues Verhalten zu erproben, einzuüben und zu festigen.

5. Phase: Zurückblicken und nach vorne denken

Coach und Klient ziehen gemeinsam Bilanz. In einem Feedbackgespräch tauschen sie sich über den Coaching-Prozess aus. Welche Ziele wurden erreicht? Was hat sich verändert? Wie ist der Ausblick auf die Zeit nach dem Coaching? Ist eine Fortsetzung zu einem späteren Zeitpunkt erwünscht?

Abbildung: Aufbau eines Coach-Modells (Zimmermann 2013).

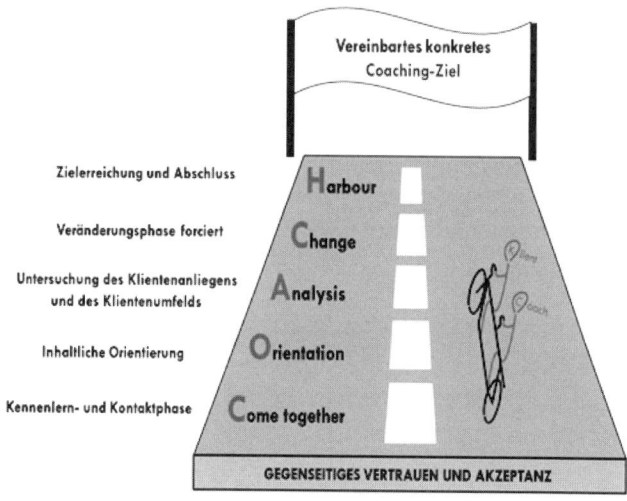

Je nach Fall greift der Coach auf Methoden und Techniken zurück, die psychologischen Schulen entlehnt sind, wie zum Beispiel

- interpersonellen (Schramm 2010) und systemischen Therapien (Schlippe/Schweitzer 2013),
- humanistischen Therapieformen wie
  - die Gesprächspsychotherapie (Rogers 2012),
  - die Logotherapie (Frankl 2002),
  - die Transaktionsanalyse (TA) (Berne 2006),
  - die Themenzentrierte Interaktion (TZI) (Cohn 2013),
  - die rational-emotive Therapie (Ellis 2012),
- der psychodynamisch-tiefenpsychologischen Therapie (Freud 2010),
- und der Verhaltenstherapie (Kanfer/Schmelzer 2005).

Um als Coach zu wirken, bedarf es nicht nur exzellenter kommunikativer, sondern auch psychologischer Kompetenzen. Coaching ist demnach eine anspruchsvolle Tätigkeit, die eine fundierte Ausbildung und kontinuierliche Weiterbildung erfordert. Zudem lassen sich professionelle Coaches supervidieren, das heißt, sie reflektieren ihre Fälle mit anderen Experten, um durch deren Impulse immer besser zu werden. Auch das ist ein Zeichen von Meisterschaft.

4. So erlebt man sie: Echt und einfühlsam

Es versteht sich von selbst, dass ein Coach in der Lage sein muss, sich in andere hineinzuversetzen. Zu Beginn oder während des Coachings offenbaren Klienten oft persönliche Aspekte und zeigen dabei Gefühle. Ein einfühlsamer Coach weiß damit umzugehen. Er hat keine Angst davor, dass Klienten ihrem Ärger Luft machen oder Tränen vergießen. Er kann mit der gebotenen Distanz und der notwendigen Nähe darauf eingehen, Verständnis zeigen und Gefühle als wertvolle Informationen für den Entwicklungsprozess deuten und akzeptieren.

Keine Angst vor Tränen, auch nicht vor den eigenen.

Ein Klient wird sich nur dann so weit öffnen und Gefühle zulassen, wenn er dem Coach vertraut und ihn als eine integre Persönlichkeit erlebt, die authentisch ist und sich nicht hinter einer Fassade versteckt, sondern ihm gegenüber offen und ehrlich auftritt. Diese Grundhaltung hat auch der Psychologe Carl R. Rogers als eine der elementaren Voraussetzungen für den erfolgreichen Verlauf einer Therapie angesehen (Rogers 2012, S. 309). Weitere unabdingbare Grundhaltungen sind nach Rogers Wertschätzung und Empathie. Diese für die Gesprächstherapie wichtigen Grundhaltungen des Therapeuten lassen sich eins zu eins auf das Coaching bzw. auf den Coach übertragen.

Rogers W E K-Ruf

Die von Carl R. Rogers begründete klientenzentrierte Psychotherapie, auch als Gesprächspsychotherapie bezeichnet, basiert auf drei Grundhaltungen des Therapeuten, leicht zu merken als W E K-Ruf (Zimmermann 2011, S. 90ff.): Die drei Anfangsbuchstaben W E K stehen für:

Wertschätzung,

Empathie,

Kongruenz.

Wertschätzung bedeutet, dass der Therapeut den Klienten als Mensch mit vielen Möglichkeiten und Ressourcen würdigt und ihm echte und tiefe Zuwendung entgegenbringt. Wenn es ihm dann dabei noch gelingt, dem Klienten ohne Wertung und Vorurteile zu begegnen, kann man Wertschätzung mit *„bedingungsfreiem Akzeptieren"* (Rogers 2012, S. 27) gleichsetzen. Rogers spricht hier von einer *„warmen, entgegenkommenden, nicht besitzergreifenden Wertschätzung ohne Einschränkungen und Urteile"* (ebd., S. 27).

Mit Empathie bezeichnet man die Fähigkeit des einfühlenden Verstehens der Erlebnisse und Gefühle des anderen. Der Therapeut macht sich quasi die Welt des Klienten zu eigen, schlüpft in seine Haut, verliert sich selbst dabei aber nicht. Für den Klienten ist es eine sehr bewegende und heilsame Erfahrung, so tiefgreifend und vollends verstanden zu werden.

Kongruenz meint die elementare Grundhaltung des Therapeuten, in der Therapie ganz er selbst zu sein: Er versteckt sich nicht hinter einer Fassade oder Maske, wenn er dem Klienten begegnet. Er ist sich seiner Wahrnehmungen bewusst und kann diese dem Klienten gegenüber mitteilen, wenn er es für angebracht hält. Das wiederum ermutigt den Klienten, seine Maske abzulegen und stimmiger, das heißt selbst „kongruenter" zu werden (ebd., S. 30–31).

Um Rogers *W E K-Ruf* folgen zu können, sollte ein Coach seine „roten Knöpfe" kennen. Im Rahmen eines Coachings oder einer Therapie hat er seine eigenen Themen bearbeitet und ist mit sich selbst im Reinen. Andernfalls läuft er Gefahr, durch die Äußerungen des Klienten an seine eigenen „Baustellen" erinnert zu werden und gedanklich abzudriften. Es ist jedoch für den Coaching-Erfolg unabdingbar, dass ein Coach in der Lage ist, dem Klienten aufmerksam und konzentriert während des ganzen Settings zu folgen, in der Regel also über eineinhalb bis zwei Stunden.

Ein Coach muss auch über das Bedürfnis hinauswachsen, Lösungen vorzugeben. Ich nenne das „einfühlsames Warten auf den Lösungssprung" des Klienten. Sich in Geduld zu üben, ist daher für den Coach eine ständige Herausforderung. Auch wenn er die Lösung vor Augen hat, so ist seine Lösung nicht die des Klienten. Und wenn der Klient das spürt und den Coach nach der Lösung fragt, dann muss dieser standhaft bleiben.

> *Ein professioneller Coach lässt sich nicht unter Lösungsdruck setzen. Der Klient muss den Lösungsschritt machen, nicht der Coach. Es können Wochen ins Land gehen, bis es soweit ist, und manchmal geschieht es noch viel später. Manchmal auch gar nicht.*

Halten wir fest: Ein Coach sollte offen, authentisch, empathisch sein, loslassen können, Zuversicht wecken, Geduld üben, Verständnis zeigen und lernbereit bleiben. Das sind die Fähigkeiten, die einen hochqualifizierten Coach auszeichnen. Er vertraut darauf, dass seine Impulse früher oder später wirken. Er vermeidet es, auf Lösungen zu drängen, und legt es in die Hände des Klienten, wann dieser für den nächsten Entwicklungsschritt bereit ist, oder verweist die Beantwortung dieser Frage an höhere Instanzen. Der Beziehungsprozess ist mindestens so wichtig wie die Arbeit an

Perspektivenwechsel und Lösungen. Deshalb ist die Art und Weise, wie die Persönlichkeit des Coachs in Erscheinung tritt, selbst schon eine Intervention, vielleicht sogar die wirksamste.

Es ist wichtiger, das Richtige zu tun,
als etwas richtig zu tun.

Peter F. Drucker (1909–2005), US-amerikanischer Ökonom

IV. Der Weg zum Coach: Erfolgsschritte für Entschlossene

Jetzt haben wir Fahrt aufgenommen und passieren eine markante Station auf dem Weg zum Coach. Wie bei allen bedeutsamen Vorhaben steht vor der äußeren die innere Vorbereitung. Hochleistungssportler wissen sofort, was damit gemeint ist. Das härteste Training ist unwirksam, wenn die innere Einstellung zum Sieg fehlt. Nur mit der optimalen mentalen Einstellung, mit Disziplin und Leidenschaft sind Spitzenergebnisse zu erzielen. So ähnlich verhält es sich mit dem Vorhaben, Coach zu werden. Nur wer weiß, was er als Coach erreichen will, kommt auf die Erfolgsspur und entwickelt genügend Ausdauer, um bis zum Ziel durchzuhalten. Lassen Sie uns genauer hinschauen, was das bedeutet.

1. Klare Vorstellungen: Ihre Vision vom Erfolg

In Stephen R. Coveys Bestseller *„Die sieben Wege zur Effektivität"* ist zu lesen: *„Schon am Anfang das Ende im Sinn haben beruht auf dem Gesetz, daß alles zweimal geschaffen wird. Es gibt bei allem eine mentale oder erste Phase des Entstehens und eine physische oder zweite Phase."* (Covey 2000, S. 93). Die Gültigkeit dieses Gesetzes können Sie leicht überprüfen. Erinnern Sie sich daran, wie Sie Ihre Berufswahl getroffen haben. Irgendetwas hat Sie an dem Beruf begeistert. Sie haben sich vorgestellt, wie Sie in dem Beruf arbeiten und wie Sie sich dafür qualifizieren. Dann haben Sie vielleicht studiert, eine Lehre begonnen oder sich anderweitig fortgebildet, um Ihr Berufsziel zu erreichen. Das heißt, bevor Sie einen Schritt in Richtung Beruf gegangen sind, haben Sie ihn auf mentaler Ebene schon „ausgeübt". So ist es mit allem: Was auch immer Sie realisieren wollen, Sie haben es im Geiste schon erworben, getan oder erreicht.

Wir sind von Natur aus befähigt, auf mentaler Ebene unsere Wirklichkeit zu erschaffen.

Diese uns Menschen eigene Fähigkeit ist Grundlage des Mentaltrainings. Im Mentaltraining fokussieren Sie Ihre Gedanken wie einen Laser auf ein bestimmtes Ziel, malen sich in allen Einzelheiten aus, wie das Ziel aussieht und wie sich das Erreichen des Ziels anfühlt. Erst dann beginnen Sie mit der Umsetzung des Ziels, und zwar Schritt für Schritt. Je tiefer die Vision des Ziels in Ihren Vorstellungen verankert ist und je attraktiver diese Vorstellungen sind, desto leichter wird es Ihnen fallen, ans Ziel zu kommen.

Bezogen auf Ihre künftige Coaching-Praxis bedeutet das, sich in allen Aspekten darüber klar zu werden, wie Sie sich als erfolgreicher Coach *sehen,* wie Sie *arbeiten* wollen und *wie sich das für Sie anfühlt.*

Hier eine Kernfrage: „Was bedeutet Erfolg für Sie?" Erfolg ist relativ. Nüchtern betrachtet, ist Erfolg das, was auf das Handeln folgt. Insofern hat man immer Erfolg, egal was man tut. Erfolg ist zudem subjektiv: Was für den einen ein Erfolg ist, ist für den anderen nur ein Ergebnis von vielen.

Nun sind Sie dran: Was antworten Sie auf die Erfolgsfrage? Bitte ergänzen Sie: *Erfolg bedeutet für mich ...*

Die nächsten Fragen beziehen sich auf Ihre Vision vom Erfolg als Coach. Haben Sie schon eine Idee? Hier wird Ihre Vision sichtbar:

Wie stellen Sie sich Ihren persönlichen und beruflichen Erfolg als Coach in einem Gesamtbild vor? Welche Gefühle verbinden Sie mit diesem Bild?

Wie stellen Sie sich Ihren Erfolg als Coach in finanzieller Hinsicht vor?

Wie viel Zeit, Energie, Ausdauer und Disziplin glauben Sie investieren zu müssen, um Ihre Vorstellungen von einem erfolgreichen Coach zu verwirklichen?

Lassen Sie die Fragen auf sich wirken, und notieren Sie Ihre Gedanken dazu. Noch besser ist es, wenn Sie anschließend Ihre Vision von einer erfolgreichen Coaching-Praxis in einem Bild grafisch zum Ausdruck bringen.

Übrigens schreiben Ausbildungs-Curricula anspruchsvoller Coaching-Weiterbildungsanbieter vor, dass zum Abschluss ein Coaching-Konzept vorzulegen ist. Dieses Konzept beinhaltet im Wesentlichen ein Bekenntnis zu den persönlichen und beruflichen Werten, zur ethischen Grundhaltung, zur Methodik und Durchführung der Arbeitsweise, zu den Zielen und Zielgruppen. Das heißt, dass Sie während einer Coaching-Ausbildung ein klareres Bild davon bekommen, wie Sie als Coach wirken wollen und wie Sie das erreichen können. Kombiniert mit Ihrer Erfolgsvision führt Sie dieses Konzept wie ein Kompass zu genau der Positionierung im Coaching-Markt, die Ihrer Einzigartigkeit als Coach entspricht.

Den Coaches, die das Ziel Selbstständigkeit verfolgen, dient das Konzept gleichsam als Grundlage für den Businessplan, für die Entwicklung der Internetpräsenz und für die Gestaltung anderer Werbemittel. Mit dem Coaching-Konzept legen Sie auf mentaler Ebene den Grundstein für Ihre Coaching-Praxis. Ob Sie sich selbstständig machen oder nicht – an einem Coaching-Konzept führt kein Weg vorbei, wenn Sie ernsthaft in die Rolle eines professionellen Coachs hineinwachsen wollen.

2. Unbedingt Leidenschaft

Der erste Schritt ist getan. In Ihrer Vorstellung existiert Ihre Coaching-Praxis bereits. Was Sie nun unbedingt entwickeln und beibehalten müssen, ist eine Passion für Ihr „Coach-Sein". Sonst stehen Sie die Zeit, bis Sie sich als Coach etabliert haben, nicht durch.

Es beginnt mit der Ausbildung, für die Sie mindestens ein Jahr einplanen sollten. Es ist schon Herausforderung genug, alle Termine wahrzunehmen und den Kurs erfolgreich abzuschließen. Hier trennt sich die Spreu vom Weizen. Nur wer es aus voller Überzeugung will, wird dafür die erforderlichen Tage Urlaub nehmen oder mehrere Wochenenden im Jahr investieren, je nachdem ob die Fortbildung unter der Woche oder samstags/sonntags stattfindet. Nicht zu unterschätzen ist der Kraftaufwand für die körperliche und psychische Herausforderung einer Coaching-Ausbildung. Die meisten Coaching-Schüler sind überrascht, wie anstrengend die Ausbildung auch körperlich ist und wie tief sie berühren kann.

Eine Coaching-Ausbildung lässt sich nicht als unbeteiligter Zaungast erleben, sie fordert vollen Einsatz der Persönlichkeit.

Wenn man die Coaching-Ausbildung schon nicht unterschätzen darf, so gilt dies erst recht für den Start in die Selbstständigkeit als Coach. Stellen Sie sich darauf ein, dass es ein langer und steiniger Weg sein wird, auf den Sie sich begeben. Das Erstellen der Homepage und der Geschäftspapiere, die Wahl der Rechtsform, die Klärung steuerlicher Aspekte und der Abschluss notwendiger Versicherungen etc. kosten zwar viel Zeit, zählen aber noch zu den leichteren Übungen. Die größere Herausforderung besteht darin, sich sukzessive einen Namen zu machen und sich als professioneller Coach auf Dauer am Markt zu etablieren.

Nur die wenigsten selbstständigen Coaches sind vom Start weg gut gebucht, geschweige denn ausgebucht. Coaching ist kein Beruf, mit dem man reich wird. Branchenkenner weisen immer wieder darauf hin, dass nur circa fünf bis acht Prozent der selbstständigen Coaches von der Coaching-Tätigkeit leben können. Die meisten Anbieter haben daher mehrere Geschäftsfelder, aus denen sie ihr Einkommen generieren. Alles auf die Karte Coaching zu setzen, ist angesichts dieser Fakten ein riskantes Unterfangen. Das sollte man von Beginn an einkalkulieren, wenn man plant, sich als Coach selbstständig zu machen, damit aus dem Traum von Coach-Sein kein Albtraum wird.

3. Nur die Hartnäckigen kommen ans Ziel

Außer Leidenschaft sollten Sie noch Ausdauer und Hartnäckigkeit im Gepäck haben. Es gehört schon eine hohe Frustrationstoleranz dazu, monate-, wenn nicht jahrelang Zeit und Mühe in die Coaching-Praxis zu investieren, ohne zu wissen, wann man endlich schwarze Zahlen schreibt.

Nicht zu unterschätzen ist dabei der Einfluss des Partners, der Familie und der Freunde. Im besten Fall erweisen sich diese Menschen als echte Helfer und Mutmacher auf dem Weg zum Coach. Es kommt jedoch vor, dass dem angehenden Coach ein scharfer Wind gerade aus seinem sozialen Umfeld entgegenweht. Dann zum Beispiel, wenn der eigene Lebenspartner nicht an den Erfolg als Coach glaubt. Er hält Coaching vielleicht für eine brotlose Kunst und/oder weiß generell nichts damit anzufangen. Aus den gleichen Gründen kann es sein, dass sich angehende Coaches in ihrem Bekanntenkreis unbequemen Fragen oder Kommentaren ausgesetzt sehen und in Erklärungsnöte kommen, wenn Sie sich als Coach „outen". Wer dann nicht hundertprozentig überzeugt ist von der Idee, Coach zu sein, hat einen schweren Stand. Durchhaltevermögen und der Wille, es zu schaffen, schützen Sie davor, sich von Ihrem Ziel abbringen zu lassen und aufzugeben. Es ist kein gutes Gefühl, etwas abzubrechen, das man mit Freude und Energie begonnen hat.

Erlauben Sie mir daher folgende Fragen: Haben Sie den nötigen „Biss", um eventuellen Anfechtungen aus Ihrem Umfeld standzuhalten? Wie lange stehen Sie das durch? Wollen Sie das auf sich nehmen? Wie wirkt sich Ihr Weg zum Coach auf Ihre Beziehungen aus? Sind Sie sich der Konsequenzen bewusst?

Wenn Sie das alles bedacht haben und nach wie vor das Ziel verfolgen wollen, Coach zu werden, sind Sie mental gut gerüstet.

Meine Empfehlung: Umgeben Sie sich grundsätzlich mit Menschen, die Ihre Coaching-Leidenschaft teilen, Sie inspirieren und Sie aufbauen. Meiden Sie, soweit es geht, Menschen, die das nicht tun und die Sie demotivieren.

Ich hatte das Glück, dass mein Partner mich in jeder Hinsicht auf meinem Weg zum Coach unterstützt hat und mein familiäres Umfeld hinter mir stand. Was mir vor allem geholfen hat, am Ball zu bleiben, waren die Überzeugung, das Richtige zu tun, und die Begeisterung für das Coaching. Das ist die Quelle, aus der ich heute noch Energie schöpfe, um die Herausforderungen der Selbstständigkeit zu meistern. Durchhalten oder Aufgeben hängen davon ab, ob es gelingt, die Anfangsbegeisterung für die späteren Phasen des Geschäftsaufbaus langfristig zu erhalten oder ob der Elan nach einem kurzen euphorisierenden Auftakt nicht doch verfliegt.

Daher: Glauben Sie an sich und Ihren Weg, und lassen Sie sich von nichts und niemandem davon abbringen. Seien Sie überzeugt davon, dass Sie in die Rolle des Coachs hineinwachsen werden! Sie werden sich mit ihr genauso identifizieren, wie Sie es zuvor mit Ihren anderen beruflichen Rollen getan haben. Gewiss, es braucht seine Zeit, aber so ist es mit allem, was gut werden soll. Ein Spitzenwein reift auch mehrere Jahre, bis er als solcher ausgezeichnet wird.

V. Fragenkompass: Wie Sie die passende Coaching-Ausbildung finden

Wer die Wahl hat, hat die Qual. Das trifft einmal mehr für die Suche nach einer geeigneten Coaching-Ausbildung bzw. einem passenden Studiengang zu. Inzwischen bieten nämlich auch Hochschulen Studiengänge zu Coaching an. Es existieren keine einheitliche Ausbildungsordnung und keine allgemeingültigen Vorgaben dazu, welche Anforderungen ein Ausbildungsinstitut erfüllen muss. Daher kann die Wahl der Coaching-Ausbildung eine zermürbende und zeitraubende Prozedur werden. Jeder ist deshalb gut beraten, sich eine Checkliste mit persönlichen Auswahlkriterien zuzulegen; sie helfen, aus der Masse der Angebote eine überschaubare Auswahl zu treffen.

Wenn Sie Ihre Suche auf Coaching-Ausbildungen eingrenzen, die von den Berufsverbänden anerkannt sind, haben Sie schon ein entscheidendes Kriterium für eine Vorauswahl. Sie können davon ausgehen, dass die Ausbildungen und die Ausbilder nach verbandsinternen Qualitätskriterien auf Herz und Nieren überprüft worden sind. Renommierte Verbände wie zum Beispiel die International Coach Federation (ICF) oder der Deutsche Bundesverband Coaching (DBVC) setzen in dieser Hinsicht hohe Maßstäbe.

Die Fachwelt hat sich darauf verständigt, dass eine Coaching-Ausbildung mindestens 150 Präsenzstunden umfasst, das heißt tatsächlich am Veranstaltungsort durchgeführter Unterricht zu Coaching relevanten Themen. Hausarbeiten sowie Treffen mit Kollegen aus dem Kurs zu Übungszwecken werden in der Regel nicht auf die Ausbildungszeit angerechnet. Dafür muss zusätzliche Zeit eingeplant werden. Zudem dauert eine Coaching-Ausbildung mindestens ein Jahr. Diese Zeit dient der intensiven Selbstreflexion und der Entwicklung der Coach-Persönlichkeit.

Ausbildungsformate, die in kürzester Zeit zu einem Coach-Zertifikat führen, mögen Techniken vermitteln, aber keine auf intensiver Selbstreflexion gewachsene Haltung. Letzteres aber ist das Markenzeichen eines professionellen Coachs.

Viele Fachbücher behandeln das Thema Coaching und Coaching-Methoden. Allein vom Lesen dieser Bücher wird man kein guter Coach. Beim Coaching heißt es: Übung macht den Meister. Um einseitig theorielastige Ausbildungen sollten Sie tunlichst einen weiten Bogen machen. Coaching lernt man nur durch die Praxis. Achten Sie daher bei Ihrer Auswahl darauf, dass die Coaching-Ausbildung viel Zeit für Übungen und Supervision vorsieht. Das Verhältnis von Theorie zu Praxisübungen beträgt im Idealfall etwa eins zu zwei.

Eine seriöse Coaching-Ausbildung führt nicht durch Anwesenheit zu einem Zertifikat, sondern durch Überprüfung der Kenntnisse in Fachgesprächen, Fallsimulationen und Rollenspielen schon während der Ausbildung und durch eine abschließende schriftliche und mündliche Prüfung.

Mit der Wahl einer Coaching-Ausbildung entscheiden Sie sich auch für eine oder mehrere Personen, die die Ausbildung durchführen. Worauf ist dabei zu achten? Nach meinem Verständnis ist der Lehr-Coach von seiner Persönlichkeit her so weit entwickelt, dass er die Weiterentwicklung anderer unterstützen kann. Seine Art, mit Menschen umzugehen und die Rolle als Coach vorzuleben, sollte vorbildlich sein. Denn er multipliziert nicht nur seine Coaching-Erfahrung, er beeinflusst andere auch über sein Welt- und Menschenbild, das während des Kurses zum Tragen kommt.

Abgesehen von einer vorbildlichen ethischen Grundhaltung, sollte ein Lehr-Coach Kenntnisse über Gruppendynamik, Moderationserfahrung und pädagogisches Geschick mitbringen. Er muss ein Händchen für das Design des Curriculums haben. Damit ist gemeint, dass die Elemente des Kursdesigns logisch aufeinander aufbauen und einen optimalen Lern- und Entwicklungsprozess gewährleisten. Hier spielen Menschenkenntnis, Erfahrung in der Wissensvermittlung und im Umgang mit Gruppendynamik eine Rolle. So entwickeln zum Beispiel kleine Gruppen eine andere Dynamik als große. Ein erfahrener Lehr-Coach kann mit beiden Gruppenstärken umgehen und sich flexibel auf die Bedingungen einstellen, welche die jeweilige Teilnehmerzahl erfordert.

Formal gesehen haben professionelle Coach-Ausbilder folgenden Steckbrief: Sie haben einen Hochschulabschluss, langjährige Berufs- und Führungserfahrung und mindestens fünf Jahre Coaching-Erfahrung. Sie sind in Coaching ausgebildet und einem Coaching-Verband angeschlossen. Sie schöpfen aus einem umfangreichen Repertoire an Coaching-Verfahren, Methoden und Techniken. Im Idealfall verfügen sie über psychologische Kompetenz, zum Beispiel als Psychologe, Therapeut, Heilpraktiker für Psychotherapie oder psychologischer Berater. Auch der äußere Eindruck zählt. So lassen der Internetauftritt und Inhalte und Gestaltung der Informationen zur Ausbildung Rückschlüsse auf Professionalität und Seriosität des Ausbildungsinstitutes und der Ausbilder zu. Aussagekräftige Feedbacks bisheriger Teilnehmer runden den Eindruck ab.

Mit den nachfolgenden vier Fragen möchte ich Ihnen weitere Entscheidungshilfen geben.

1. Ihre Motivation: Was wollen Sie mit der Ausbildung erreichen?

Wollen Sie mit einer Coaching-Ausbildung das Fundament für eine Selbstständigkeit als Coach legen? Wenn das Ihr Ziel ist, rückt der Aspekt „Verbandsanerkennung" in den Vordergrund. Der Nachweis einer anerkannten Coaching-Ausbildung durch einen renommierten Coaching-Verband kann Ihre Expertise als Coach untermauern. Für Unternehmen spielt dieser Nachweis bei der Coach-Auswahl eine wichtige Rolle, bei Privatkunden dagegen meiner Erfahrung nach nicht. Diese kommen meist auf Empfehlung und lassen sich eher vom persönlichen Eindruck und dem Sympathiefaktor leiten.

Wenn Sie eine Coaching-Ausbildung planen und vorwiegend für Unternehmen tätig sein wollen, sind anerkannte Ausbildungen, die zum Business Coach, Unternehmenscoach oder Management Coach qualifizieren, nicht anerkannten Ausbildungen vorzuziehen. So gehen Sie sicher, dass Sie in Unternehmen als professioneller Coach wahrgenommen werden und nicht schon bei der ersten Sichtung durch das Raster fallen.

Das gilt auch, wenn Sie die Ausbildung in erster Linie als Möglichkeit betrachten, Ihre beruflichen Kompetenzen zu erweitern und Ihre Führungskompetenz zu optimieren. Vielleicht wollen Sie sich ja zu einem späteren Zeitpunkt selbstständig machen. Dann ist es von Vorteil, wenn Sie eine verbandsanerkannte Ausbildung mit definierten Professionsstandards vorweisen können.

Hegen Sie die Absicht, vorwiegend Privatpersonen zu Themen wie Krisen, Konflikten, Zielfindung, Work-Life-Balance und Gesundheit zu coachen, kommen Ausbildungen mit dem Ziel „Personal Coach" eher infrage. Diese werden gerne in Kombination mit der Qualifikation zum *Psychologischen Berater* angeboten.

Wenn Sie beides kombinieren wollen – also sowohl Klienten mit beruflichen als auch privaten Themen coachen möchten – sind „Kombi"-Ausbildungen, die zum Personal Coach und zum Business Coach qualifizieren, ein geeigneter Weg.

Zählen Sie zu denjenigen, die mit einer Coaching-Ausbildung in erster Linie die eigene persönliche Entwicklung vorantreiben wollen? Was sind dann Ihre Erwartungen? Geht es Ihnen um die Aufarbeitung von Erlebnissen, um Denkanstöße für eine sinnvolle Lebensführung, um Inspiration und Erfahrungsaustausch mit Gleichgesinnten? Dann gilt es, die Ausbildungen Ihrer Wahl genau unter die Lupe nehmen.

Bietet der Lehr-Coach Feedback und Supervision während der Ausbildung an? Ist er zwischen den Unterrichtsmodulen ansprechbar? Vermittelt er das Gefühl, dass man sich vertrauensvoll an ihn wenden kann? Wie engagiert und empathisch erleben Sie ihn im Kennenlerngespräch? Wie ist Ihr persönlicher Eindruck? Was berichten ehemalige Kursteilnehmer? Gibt es ein Anforderungsprofil für die Teilnahme oder hat jeder Zugang zur Ausbildung? Entspricht der definierte Teilnehmerkreis Ihrem Niveau?

Lassen Sie sich Zeit, und sprechen Sie mit mehreren Ausbildern, bis Sie ein gutes Gefühl haben und sich aus vollem Herzen für eine Coaching-Ausbildung entscheiden.

Mit welcher Erwartung und nach welchen Kriterien die passende Coaching-Ausbildung herausgefiltert werden sollte, zeigt der nachfolgende Bericht:

Compensation & Benefits Managerin, 34 Jahre.

Wie ich auf die Idee gekommen bin, eine Coaching-Ausbildung zu machen, und welche Ziele ich damit verfolge:

Mein Interesse an Menschen, deren Ideen und Themen hat mich zum Coaching geführt. Ich habe BWL mit dem Fokus auf Personalmanagement mit der Absicht studiert, einen Beitrag zum Unternehmenserfolg zu liefern. Ich wollte Mitarbeiter entsprechend ihren beruflichen Zielen und Stärken für das Unternehmen einsetzen und weiterbringen. Jedoch ist der eigene Einfluss im Unternehmen je nach HR-Bereich eher ein indirekter. Das Coaching ermöglicht es mir, wieder näher an Personen und ihre individuellen Themen heranzurücken und durch meine Tätigkeit direkt zu deren Entwicklung beizutragen. Meine empathische Art schätze ich dabei als persönliche Stärke ein, die ich durch die Coaching-Ausbildung ausbauen möchte. Wenn ich Menschen mit Gesprächen weiterhelfen kann, motiviert mich das persönlich sehr, und von solchen Situationen möchte ich mehr erleben.

Von der Coaching-Ausbildung erwarte ich, Instrumente kennenzulernen, mit denen ich Menschen besser verstehen lerne, sodass ich sie wirkungsvoller unterstützen kann, ihre Ziele zu erreichen. Ich verspreche mir einen tiefen Einblick in Handlungs- und Motivationsmuster von Einzelpersonen im persönlichen und beruflichen Kontext. Gleichzeitig möchte ich durch die Coaching-Ausbildung eigene Stärken und Präferenzen erkennen und weiter ausbauen.

Ein aktuell offenes Ziel ist es, mich als Coach selbstständig zu machen. Ob sich dieser Wunsch festigt, wird sich im Laufe der Ausbildung zeigen. Als Personalerin wird die Coaching-Ausbildung prinzipiell ihren Wert haben, selbst wenn ich nicht als selbstständiger Coach arbeiten sollte. Das Gelernte lässt sich auch außerhalb von Coaching-Situationen vorteilhaft anwenden.

Welche Erfahrungen habe ich bei der Suche nach einer Ausbildung gemacht?

Die Auswahl der richtigen Ausbildung habe ich als schwierig empfunden. Da es nicht den einen final akkreditierten Ausbildungsgang gibt, fällt die Entscheidung nicht leicht. Wichtig war mir in erster Linie, dass die Coaching-Ausbildung von einem der großen Coaching-Verbände zertifiziert und anerkannt ist. Eine Nicht-Zertifizierung war bei meiner Auswahl ein klares Ausschlusskriterium. Ich habe mir die Curricula der verschiedenen Ausbildungsangebote angesehen und sie den Kosten gegenübergestellt. Ausbildungen, die mir eine zu stark esoterische Richtung zu haben schienen, habe ich aussortiert, da dies nicht meinen Präferenzen entspricht. Ich habe zunächst deutschlandweit recherchiert, mich letztendlich aber entschlossen, regional zu bleiben, um Reisestress zu vermeiden und ein lokales Netzwerk durch die Ausbildung aufzubauen. Schlussendlich blieben wenige Anbieter übrig, deren Curricula mir umfassend erschienen und mir das Gefühl vermittelten, alles mit auf den Weg zu bekommen, was ich als potenziell selbstständiger Coach benötige. Mit diesen Anbietern habe ich persönliche Gespräche geführt. Dabei wurde ich auf eine Akademie aufmerksam, bei der sich das berühmte gute Bauchgefühl eingestellt hat.

Inwiefern sehe ich Coaching als Personalentwicklungsinstrument?

Ich gehe davon aus, dass Coaching langfristig einen steigenden Wert in der Personalentwicklung einnehmen wird. Die Komplexität in den Unternehmen nimmt stetig zu, und auch die persönlichen Themen werden komplexer. Herausforderungen sind vielfach sehr individuell, weswegen „One-fits-all"-Seminarlösungen zu unterschiedlichen Themen nicht ausreichen. Um auf die individuellen Themen des Einzelnen eingehen zu können, erscheint Coaching mehr und mehr als geeignetes Mittel. Coaching etabliert sich damit zunehmend als Personalentwicklungsinstrument, und die früheren Ressentiments gegenüber „Gesprächssitzungen" nehmen ab. Zukünftig wird Coaching meines Erachtens nicht länger nur als exklusives Managementangebot bestehen, sondern in sämtlichen Hierarchieebenen und im Privatbereich angewendet werden.

2. Ihre Startposition: Mit welchem Coaching-Ansatz wollen Sie beginnen?

Die Vielzahl der Coaching-Formate lässt sich auf zwei gegensätzliche Ansätze zurückführen: Die „Hamburger Schule" hat dafür die Begriffe „autonomes" und „autoritäres Coaching" geprägt (Meier/Janßen 2011, S. 15).

Das autonome Coaching beruht auf der Vorstellung, dass der Mensch seine Wirklichkeit selbst konstruiert und folgt deshalb dem Hilfe-zur-Selbsthilfe-Prinzip. Der Klient wird durch Anregung zu Selbstreflexion, Ressourcenaktivierung und Selbstorganisation in die Lage versetzt, aus eigener Kraft und aus eigener Erkenntnis heraus die für ihn beste Lösung zu finden. Der Coach agiert hier in der Rolle des Geburtshelfers: Er interpretiert nicht, er bildet Hypothesen; er gibt keine Lösungen vor, er gibt Impulse für neue Sichtweisen. Der Klient ist frei in seiner Entscheidung, welchen Weg er gehen möchte, und er ist selbst verantwortlich für sein Tun. Der nach dem autonomen Ansatz vorgehende Coach versteht sich als Prozessbegleiter in einem ergebnisoffenen Raum. Ausbildungen, die nach diesem Prinzip lehren, sind zum Beispiel Ausbildungen mit systemischem Coaching-Ansatz.

Beim autoritären Coaching-Ansatz stellt der Coach eine „Diagnose" und gibt Lösungen vor. Er fungiert hier in der Rolle des wissenden Experten. Das heißt, er interpretiert, kommentiert und teilt dem Klienten seine Sicht der Dinge mit. Der Klient hat lediglich die Wahl, der direktiven Einflussnahme des Coachs zuzustimmen oder nicht. Im Coaching-Prozess ist er als Empfänger von Lösungen und Lösungswegen mehr in einer passiven Rolle. Coaches mit autoritärem Coaching-Ansatz sind daher eher als „Berater" einzustufen. So zählen zum autoritären Coaching-Ansatz alle Formate der direktiven Beratung sowie die Neuro-Linguistische Programmierung NLP.

NLP wird wegen seiner möglichen manipulativen Wirkung kontrovers diskutiert und ist umstritten. Andererseits kann NLP – wenn professionell und verantwortungsbewusst angewandt – eine wirksame Coaching-Methode sein.

Es gibt Mischformen, wie zum Beispiel das *Hypnosystemische Coaching*, bei dem sich autoritäre und autonome Coaching-Ansätze synergetisch ergänzen. Für einen Coach ist es daher immer von Vorteil, mehrere Ansätze zu kennen. Zunächst aber gilt es, mit einem der Coaching-Ansätze zu starten und darin kompetent zu werden.

Kaum eine Entscheidung ist für einen angehenden Coach wegweisender und prägender als die Wahl zwischen autonomem oder autoritärem Coaching-Ansatz.

Prüfen Sie daher sorgfältig, welcher Ansatz Ihnen mehr liegt, und stellen Sie sicher, dass die Ausbildung Ihnen diesen Ansatz vermittelt. Ziehen Sie in Betracht, sich zu einem späteren Zeitpunkt in anderen Coaching-Ansätzen Kompetenzen anzueignen. So erweitern Sie Ihre Wissensmatrix und Ihren Handlungsspielraum und können sich selbst eine Meinung bilden.

3. Ihr Engagement: Wie viel Zeit, Geld und Energie wollen Sie in die Ausbildung investieren?

Wie schon gesagt, für eine Ausbildung ist mindestens die Dauer von einem Jahr einzuplanen. Dabei haben Sie die Wahl zwischen Ausbildungen, die wochentags oder am Wochenende in zwei- bis dreitägigem Blockunterricht stattfinden. Je nach Format sind entsprechende Urlaubstage zu berücksichtigen. Bei Wochenendformaten ist es ratsam, den Montag frei zu nehmen, um Kraft zu schöpfen und um das Erlebte „sacken" zu lassen. Meiner Erfahrung nach unterschätzen die meisten Teilnehmer den physischen und psychischen Kraftaufwand für die Ausbildung. Verantwortungsbewusste Ausbilder setzen für die Teilnahme an der Ausbildung körperliche und seelische Gesundheit voraus, die gegebenenfalls durch ein Attest vom Arzt oder Therapeuten nachzuweisen ist.

Zwischen den Modulen des Präsenzunterrichtes ist noch Zeit einzuplanen für Hausarbeiten, Literaturstudium, und eventuelle Treffen mit Peergroups zur Einübung der Coaching-Techniken.

Fehlzeiten wegen privater Termine wie Geburtstage und Urlaub sind möglichst zu vermeiden. Ansonsten kann es passieren, dass Sie die erforderliche Präsenzpflicht nicht erfüllen und nicht zur Prüfung zugelassen werden oder kein Abschlusszertifikat erhalten.

Der finanzielle Aufwand für eine professionelle Coaching-Fortbildung bewegt sich je nach Dauer und Umfang im höheren vier- bis fünfstelligen Bereich. Damit Sie nicht Äpfel mit Birnen vergleichen, achten Sie bei den Kursgebühren darauf, ob die Tagungspauschale die Verpflegung einbezieht, und welche Kosten sonst noch anfallen. Einige Anbieter erheben keine Mehrwertsteuer auf die Kursgebühr, da ihre Ausbildungen davon befreit sind. Privatzahler können so viel Geld sparen. Um die Investition abzupuffern, ermöglichen manche Anbieter es, die Ausbildungsgebühr in mehreren Raten über die Dauer der Weiterbildung zu finanzieren. Hier ist zu prüfen, ob die Ratenzahlung einen Aufschlag auf die Kursgebühr zur Folge hat. Besprechen Sie die Zahlungsmodalitäten am besten auch mit einem Steuerberater. Er kann Ihnen sagen, ob und wie viel von der Kursgebühr für Weiterbildungen steuerlich absetzbar ist.

4. Ihre Lernweise: Welche Unterrichtsform bevorzugen Sie?

Schließlich kommt es noch darauf an, welcher Lerntyp Sie sind. Sie können heute wählen zwischen Fernunterricht, Präsenzunterricht oder einer Kombination daraus. Und Sie können entscheiden, ob Sie die Coaching-Ausbildung als Studium betreiben oder bei einem nichtuniversitären Ausbildungsbetrieb oder Coach-Ausbilder absolvieren möchten. Ich muss mich wiederholen: Sie sollten sich darüber im Klaren sein, dass man Coaching am besten durch praktische Übungen im Präsenzunterricht erlernt und nicht theoretisch durch Literaturstudium daheim. Ob ein akademischer Abschluss als Coach mehr wiegt als ein nicht akademischer, wird letztlich der Markt entscheiden. Ein weiteres Auswahlkriterium betrifft die Anzahl der Kursteilnehmer. Je größer die Gruppe, desto weniger intensiv ist die Einzelbetreuung. Andrerseits: Je mehr Teilnehmer im Kurs sind, desto mehr Austauschmöglichkeiten und Interaktion haben Sie. Sie selbst müssen entscheiden, was Ihnen lieber ist.

Auch wichtig: die Entfernung zur Ausbildungsstätte. Manche Menschen reisen quer durch die Republik, um an einer bestimmten Ausbildung teilzunehmen, andere wollen den Ausbildungsort am liebsten vor ihrer Haustür haben. Wie viel Zeit, Energie und Geld für Anreise und Übernachtung können und wollen Sie investieren?

Sie sehen: Viele Wege führen nach Rom. Im Anhang finden Sie eine Checkliste, die Ihnen hilft, verschiedene Ausbildungsanbieter zu vergleichen und eine Vorauswahl zu treffen. Hören Sie bei der endgültigen Entscheidung auch auf Ihren Bauch.

Mögen Sie Abenteuer? Trotz aller Sorgfalt bei der Auswahl können Sie nie vorher wissen, was Sie erwartet. Die Zusammensetzung der Gruppe, die Gruppendynamik, die Anzahl der Teilnehmer, die Persönlichkeit der Ausbilder sind wie die vielen Unbekannten einer Gleichung. Alle diese Variablen haben einen Effekt auf den Kursverlauf, von dem eigenen persönlichen Einfluss abgesehen. Wie heißt es so schön: Erwarte das Unerwartete.

Hier noch ein weiterer Erfahrungsbericht eines selbstständigen weiblichen Coachs:

Business-Coach und Business Sparringspartner, 43 Jahre, seit drei Jahren selbstständig

Die konkrete Idee, mich als Coach selbstständig zu machen, kam mir durch ein Gespräch mit einem ehemaligen Kollegen, dem ich damals meine berufliche Unzufriedenheit anvertraute. Ich erzählte ihm, dass es mich als Führungskraft vermehrt frustrierte, wie wenig Zeit mir mein beruflicher Alltag für den persönlichen Austausch und die Entwicklung meiner Mitarbeiter ließ. Zudem bemerkte ich mit wachsender Führungserfahrung, dass bei auftretenden Problemen eines Mitarbeiters der ausschließliche Blick auf den beruflichen Kontext oft nicht ausreicht. Jedoch konnte ich meinem Wunsch, den Mitarbeiter in seinem beruflichen und privaten Kontext zu verstehen, als Führungskraft selbstverständlich nicht nachgeben. Diese Tatsache, verbunden mit der lange Jahre gereiften Idee, ein eigenes Unternehmen zu leiten, machte den Beruf „Coach" für mich zunehmend interessant. Ich entschied mich, meinem Interesse durch eine Ausbildung zum Coach auf „den Zahn zu fühlen".

Bei der Auswahl des Ausbildungsinstitutes war mein ausschlaggebender Entscheidungsparameter das persönliche Gespräch mit dem/der Ausbilder/in. Mir war bewusst, dass diese Person mich inhaltlich für meine neue berufliche Rolle prägen und beeinflussen würde. Daher wollte ich genau wissen, um welche Persönlichkeit es sich handelt und wie diese „tickt". Meine Auswahl fiel schlussendlich auf eine Ausbilderin, deren Bescheidenheit, menschliche Haltung, Selbstreflexion und kritischer Blick auf die Wirksamkeit von Coaching mich überzeugten.

In der Arbeit mit Klienten braucht der Coach eine gewisse Demut. Die eigene Person rückt für das Beobachten und Anerkennen der Belange des Klienten in den Hintergrund. Diese ethische Haltung sollte daher unbedingt schon im Handeln und der Sprache eines Ausbilders zu erkennen sein. Meines Erachtens ist daher jeder schlecht beraten, der sich in die Ausbildung bei vermeintlichen „Coaching-Gurus" begibt. Ein sich selbst zugesprochener „Guru-Status" und „Allmächtigkeits-Floskeln" sind in der Coaching-Arbeit fehl am Platz und schädigen noch dazu die Reputation einer für den Laien an sich schon wenig transparenten Branche.

Neben allen Methoden, auf die ein Coach in seiner Arbeit zurückgreifen kann und die ihm die Annäherung an den Klienten erleichtern, ist die Fähigkeit zum Dialog der Kern funktionierender Coaching-Arbeit. Ein guter Ausbilder erinnert daran, dass „Hören" die Grundvoraussetzung für wirksames „Fragen" ist. Und so durfte auch ich erfahren, wie viel Kraft in einer Frage stecken kann, wenn sie durch aufmerksames Zuhören aufgekommen ist. Das macht einen wirklichen Unterschied.

Nach drei Jahren Selbstständigkeit habe ich gelernt, dass meine Berufsbezeichnung zwar Coach, mein Job jedoch nicht immer Coaching ist. Coaching an sich ist auch „nur" eine Methode. Eine Methode jedoch, die kraftvoll dabei unterstützen kann, den oft sehr schwierigen Prozess der Kommunikation so zu gestalten, dass der Klient zur Selbstreflexion angeregt wird. Einen neuen Blick auf sich selbst und auf das, was im Umfeld geschieht, findet man nicht allein. Dazu braucht es den beobachtenden, sich selbst vergessenden Coach, der in die Haut des Klienten schlüpft und ihn durch Fragen für Sichtweisen öffnet, auf die er aus selbst nicht gekommen wäre. Und das ist es, was Coaching so wertvoll macht.

Zuerst die innere Haltung, dann die äußere Form!
Es ist wie beim Malen, wo man die Glanzlichter zuletzt aufsetzt.
Konfuzius (551 v. Chr.–479 v. Chr.), chinesischer Philosoph

VI. Der Coach als Unternehmer

Wer sich als Coach selbstständig macht, betritt als Unternehmer die Bühne der Geschäftswelt und ist damit ein Akteur mehr auf dem heftig umworbenen Coaching-Markt. Um sich dort erfolgreich zu etablieren, bedarf es neben der fachlichen Expertise vor allem unternehmerischer Fähigkeiten. Dazu zählen Risikobereitschaft, Kreativität, betriebswirtschaftliches Wissen, Ausdauer, Kenntnisse über den Markt und Marketing-Know-how.

Als ich mich 2003 selbstständig machte, bekam ich einen Existenzgründungszuschuss von der Agentur für Arbeit in Form des sogenannten Überbrückungsgeldes, das seit dem 1. August 2006 durch den Gründungszuschuss abgelöst wurde. Um das Überbrückungsgeld zu beantragen, musste ich einen Businessplan vorlegen, in dem ich meine Geschäftsgründung bis ins letzte Detail zu erläutern hatte. Kern dieses Businessplans war eine Ertragsvorschau und Rentabilitätsrechnung mit Angaben, wie ich in den ersten drei Geschäftsjahren Umsätze bzw. Gewinne zu generieren gedachte. Bei der Erstellung des Businessplans unterstützte mich ein Gründungszentrum in Frankfurt. Dort bekam ich auch wertvolle Tipps zur Rechtsform, zu steuerlichen Aspekten und zu Risiken und Chancen der Selbstständigkeit. So enthielt der Businessplan eine Stärken-Schwächen-Analyse und ein Ausstiegsszenario, das für den Fall des Scheiterns einen geordneten Rückzug aus der Selbstständigkeit vorsah, um weitere Verluste zu vermeiden. Das klingt hart und gar nicht romantisch, ist aber unbedingt notwendig. Ich kann nur jedem Existenzgründer empfehlen, einen Businessplan auszuarbeiten. Zahlreiche Vordrucke dazu finden Sie im Internet oder bei Existenzgründungszentren. Lassen Sie sich bei Letzteren beraten, vor allem, wenn Sie sich in kaufmännischen Belangen noch nicht so gut auskennen und keine Erfahrung als Geschäftsführer haben.

Die Zusammenarbeit mit einem Steuerberater ist ebenfalls ratsam. Meiner Erfahrung nach stößt man als Selbstständiger schnell an seine Grenzen, wenn es um Umsatz- und Einkommenssteuererklärungen geht. Die Frage, ob Ihre Tätigkeit als gewerblich oder freiberuflich einzustufen ist, sollten Sie auf jeden Fall mit einem Steuerberater klären.

Der Businessplan zwingt Sie, Ihre Ziele, Ihre Zielgruppen und Angebote exakt zu definieren und eine Ertragsvorschau und Rentabilitätsrechnung für die ersten drei Jahre zu erstellen. Außerdem enthält ein Businessplan eine Mitbewerber- und eine Stärken-Schwächen-Analyse (Worst-Case- und Best-Case-Study) sowie einen Marketingplan, aus dem hervorgeht, wie Sie Ihre (Umsatz-)Ziele erreichen wollen.

Ob Sie einen Businessplan erstellen oder nicht – der Weg vom *Profi* zum *Profit* führt auf jeden Fall über das *Profil*. Ich möchte Ihnen daher ans Herz legen, zumindest die nachfolgenden Fragen zu Ihrer Persönlichkeit und zu Ihrer beabsichtigten Tätigkeit als Coach *ausführlich* und *schriftlich* zu beantworten und sich dafür Zeit zu lassen:

- Was ist mir wichtig? Nach welchen Werten richte ich mein Leben aus?
- Was zeichnet mich als Persönlichkeit aus? Welche Erfahrungen welches Wissen, welche Fähigkeiten bringe ich mit?
- In welcher Branche war ich bisher tätig?

- Welche Feldkompetenz zeichnet mich aus? Welche Funktionen habe ich übernommen, welche Aufgaben und Herausforderungen habe ich in meinem Beruf gemeistert? Was habe ich dabei gelernt? Was ist meine Kernkompetenz?
- Wen will ich künftig beraten, coachen? Privatkunden und/oder Unternehmen? Groß- oder Kleinunternehmen?
- Aus welcher Branche sollen meine Kunden kommen?
- Auch wichtig: Wen will ich nicht als Kunden haben?
- Was brauchen meine Kunden am dringendsten?
- Wie kann ich ihnen helfen, ihre Probleme zu lösen?
- Was will ich meinen Kunden anbieten? Einzel-Coachings? Seminare? Trainings? Online-Coaching? Webinare? Wie sieht mein Produktportfolio aus?
- Welche Themen will ich besetzen? Zum Beispiel Work-Life-Balance, Wellness, Unternehmens-Coaching, Konflikt-Coaching, Karriere-Coaching etc.?
- Was ist mein Spezialgebiet? Wie lautet mein einzigartiges Verkaufsversprechen, mein USP (Unique Selling Proposition)?
- Wer sind meine Mitbewerber (bezogen auf meine Angebote) und wer meine Zielkunden?
- Was kann ich in Bezug auf die Bedürfnisse meiner Zielkunden besser oder anders als meine Mitbewerber machen?
- Warum werden Klienten zu mir kommen und nicht zu meinen Mitbewerbern? Welche Vorteile haben sie von meiner Betreuung?

Ohne solche grundsätzlichen Überlegungen laufen Sie Gefahr, einen Bauchladen an Angeboten für Kunden zu offerieren, deren Bedürfnisse Sie nicht kennen – mit dem Ergebnis, im Meer der Alleskönner-Coaches unterzugehen.

Machen Sie sich Ihre Einzigartigkeit bewusst und bringen Sie diese zum Ausdruck: Es gibt viele Coaches, aber nur einen mit Ihrem Profil und Ihren Erfahrungen. Was Sie den Menschen mitgeben, bringen nur Sie mit. Wenn Sie

Ihre Einzigartigkeit mit Kreativität und Konsequenz in den Markt transportieren, erhöhen Sie Ihre Chancen beträchtlich, beachtet und gebucht zu werden.

1. Gut aufgestellt: Die fünf Säulen Ihrer Coaching-Praxis

Stellen Sie sich Ihre Coaching-Praxis als ein Gebäude vor, das auf fünf Säulen ruht. Die Säulen sind:

- Ihre Unternehmensvision/Ihr Unternehmensleitbild
- Ihre Kunden
- Ihre Dienstleistung/Ihre Angebote
- Markt und Marketing
- Ihr Unternehmensauftritt

Mit der Unternehmensvision sagen Sie der Welt, *wozu* Ihr Unternehmen da ist und welchen *Sinnbeitrag* Sie leisten wollen. Sie bekunden mit Ihren Werten, was Ihnen bei der Umsetzung Ihrer Vision und Ihrer Geschäftsführung wichtig ist. Es beginnt möglicherweise mit den Worten: *„Ich sorge als professioneller Coach dafür, die Lebensqualität meiner Klienten zu verbessern. Das tue ich, indem ich sie unterstütze, sich selbst besser zu verstehen und ihre Handlungsmöglichkeiten zu variieren und zu erweitern. Dabei begegne ich meinen Klienten verantwortungsvoll, achtsam und wertschätzend."* In diesen beiden Aussagen sind die Werte *„Professionalität", „Unterstützung", „Verantwortung", Achtsamkeit"* und *„Wertschätzung"* enthalten. Zur Formulierung einer Vision und eines Leitbildes brauchen Sie Werte.

Werte sind grundlegende universale Einsichten und Grundorientierungen auf der Suche nach Sinn. Sie bekunden, was der Mensch für sein Handeln als erstrebenswert, wünschenswert, gut, bereichernd, nützlich und damit als wertvoll ansieht. Sie wirken wie Energiezentren mit hoher Anziehungskraft (Böschemeyer 2003, S. 22).

Ihre Werte sind Ihre ideellen Vorstellungen über die Qualitäten Ihres Tuns oder Lassens. Bevor Sie darangehen, Ihr Leitbild zu erstellen, ergründen Sie Ihre Werte, indem Sie sich fragen, was Ihnen generell für Ihre Coaching-Praxis wichtig ist. Aus den gefundenen Werten formulieren Sie Leitsätze, an denen Sie sich bei Ihrer Geschäftstätigkeit orientieren möchten.

Hinsichtlich Ihrer Kunden fragen Sie sich zum Beispiel, was Ihnen bei der Zusammenarbeit wichtig ist. Wenn Sie hier keine klare Haltung entwickelt haben, kann es Ihnen passieren, dass der Kunde Ihre Standpunkte nicht erkennt und Sie für ambivalent hält. Das macht keinen guten Eindruck. Oder der Kunde hat eine unrealistische Erwartung an das Coaching und setzt Sie unter Lösungsdruck. Dann haben Sie früher oder später ein Problem, wenn Sie seine Erwartungen nicht erfüllen. Mit einem werteorientierten Statement für den Umgang mit Kunden beugen Sie vor:

„Die Zusammenarbeit mit meinen Kunden (Privatpersonen und Unternehmen) basiert auf gegenseitigem Respekt, Wertschätzung, Diskretion, Transparenz, Eigenverantwortlichkeit und Seriosität. Meine Coaching-Angebote verstehe ich als Angebote zur Reflexion in einem ergebnisoffenen Raum. Der Erfolg des Coachings liegt daher in der Verantwortung des Klienten." Wenn Sie für den Wert *„Eigenverantwortlichkeit (des Klienten)"* stehen, werden Sie beim Kunden keine Erfolgsversprechen mehr abgeben, selbst dann nicht, wenn dieser Sie unter Lösungsdruck setzt. Besteht der Kunde auf einer garantierten Lösung, werden Sie den Auftrag ablehnen, weil seine Forderung gegen Ihre Prinzipien verstößt. So hilft Ihnen Werteklarheit, standhaft zu bleiben und sich nicht vor einen Karren spannen zu lassen, den Sie nicht ziehen wollen.

Bei der Säule Dienstleistung/Angebote fragen Sie sich, nach welchen Kriterien und Werten Sie Ihre Produkte erschaffen und anbieten möchten. So könnte es klingen: *„Meine Angebote richten sich an psychisch gesunde Menschen, die sich weiterentwickeln möchten. Kern meines Coachings ist das Streben, dem Kunden nachhaltige Persönlichkeitsentwicklung mit einzigartigem Erlebnischarakter zu ermöglichen."* Die Werte *„Weiterentwicklung"*, *„Nachhaltigkeit"* und *„Einzigartigkeit"* sind hier maßgebend. Nach diesem Kompass wären Sie vielleicht ein Coach, der ungewöhnliche, kreative Wege geht, um bei seinen Klienten Veränderungsprozesse auszulösen.

Wie könnte ein Wertebekenntnis für die Säulen Marketing und Unternehmensauftritt aussehen? Was halten Sie von: *„Mein wirtschaftlicher Erfolg sichert meine Existenz und bewahrt meine Unabhängigkeit. Begeisterte Kunden und deren Referenzen sind meine Garanten für Erfolg. Der Maßstab für die Qualität meines Coachings ist daher die Begeisterung und Zufriedenheit meiner Kunden. Den hohen Qualitätsstandard erreiche ich durch ständige Fortbildung und regelmäßige Supervision. Ich arbeite konstruktiv und partnerschaftlich mit meinen Kunden und Netzwerkpartnern zusammen. Ich will von ihnen lernen und mich durch ihr Feedback zu den Besten auf meinem Gebiet entwickeln."* Die maßgeblichen Werte sind hier *„Erfolg"*, *„Unabhängigkeit"*, *„Begeisterung"*, *„Zufriedenheit"*, *„Qualität"*, *„Konstruktivität"*, *„Partnerschaft"*, *„Lernen"* und *„Entwicklung"*. Zu diesen generellen Aussagen kämen noch spezifische wertebasierte Angaben zur Gestaltung des Kommunikationsmix hinzu, das heißt Ihrer Werbung, Ihres Vertriebs und Ihrer Preisgestaltung.

Alles dreht sich um den Wert. Was ist Ihre Leistung wert? Was sind Sie wert? Ihr Wunschkunde muss den Wert Ihrer Leistung (an)erkennen und Sie wertschätzen. Helfen Sie ihm, sich für Sie und Ihre Dienstleistung zu begeistern. Werteklarheit macht Sie und Ihr Erscheinungsbild attraktiv. Also bleibt die Kernfrage: Nach welchen Werten gestalten Sie Ihren Gesamtauftritt?

Die Antwort kann Ihnen niemand abnehmen. Wenn Sie einen Experten beauftragen, Sie zu beraten, wie Sie sich erfolgreich im Coaching-Markt positionieren, wird er Ihnen viele Fragen stellen, die alle auf die eine Frage hinauslaufen: „Was ist Ihnen wichtig?" Seien Sie vorbereitet.

Wenn Sie sich nicht selbst definieren, werden es andere für Sie tun. Aber das haben Sie dann nicht mehr in der Hand!

Ich gehe von dem positiven Fall aus, dass Sie während Ihrer Coaching-Ausbildung ein Konzept erstellen, in dem Sie Ihr wertebasiertes Selbstverständnis als Coach, Ihre ethische Haltung, Ihre Zielgruppen (Kunden), Ihren Coaching-Stil und Ihren Unternehmensauftritt dargelegt haben. Oder?

2. Auffallend anders: Taktische Überlegungen zum Überleben im Coaching-Markt

Als wenn es nicht schon genug Arbeit wäre, eine eigene Homepage, Visitenkarten, Geschäftspapier und Flyer zu gestalten, kommt auf den Coach als Existenzgründer eine noch größere Herausforderung zu: das Marketing.

Auch wenn Sie bisher keinerlei Bezug zu diesem Thema hatten: Als selbstständiger Coach müssen Sie ein Meister des Marketings werden.

Je professioneller Sie Ihr Marketing betreiben und je mehr Sie in diesem Bereich dazulernen, desto bekannter und erfolgreicher werden Sie sein. Dank des Internets können Sie heutzutage in kürzester Zeit Millionen von Menschen erreichen. Das Potenzial ist enorm. Um sich dieses Potenzial zu erschließen, müssen Sie sich allerdings trauen, öffentlich zu werden.

Dazu bietet Ihnen das Social Web mit Portalen wie XING, LinkedIn, Twitter, Facebook etc. viele Möglichkeiten. Wie wäre es zum Beispiel, wenn Sie regelmäßig Artikel auf Ihrer Homepage und/oder als Gastautor eines Blogs oder Portals veröffentlichen? Der größte Fehler, den viele machen, ist es, eine Homepage zu erstellen, darauf Angebote bzw. Produkte zu beschreiben und zu warten, dass jemand vorbeischaut. Das wäre Marketing nach dem Prinzip Hoffnung. So funktioniert es heutzutage nicht mehr. Sie müssen lernen, Klienten zu gewinnen, anstatt Produkte herzustellen. Das geht nur mit leidenschaftlichem Marketing.

Überprüfen Sie an dieser Stelle, ob Sie einen negativen Glaubenssatz in Punkto Marketing oder Werbung in sich hegen. Nicht wenige Menschen haben eine ablehnende Haltung dazu. Machen Sie sich bewusst, dass Ihr Erfolg als Coach mit Ihrem Marketing steht und fällt.

Von Branchenexperten ist immer wieder zu hören, dass es fünf bis acht Jahre dauert, um sich im Coaching-Markt zu etablieren. Das sollte Ihnen zu denken geben, Sie aber auch nicht abschrecken. Es sollte Ihnen vielmehr Ansporn sein, diese Zeit abzukürzen, indem Sie professionelles Marketing betreiben. Dazu zählt vor allem Content-Marketing. Content-Marketing ist dadurch charakterisiert, dass Sie den Besuchern Ihrer Homepage keine Selbstbeweihräucherung bieten, sondern einen Mehrwert, das heißt Inspirationen für ihre Lebensführung. Erstellen Sie zum Beispiel Ihr eigenes Weblog, und posten Sie regelmäßig Artikel zu Ihrem Spezialgebiet. Je wertvoller die Inhalte und je höher die Frequenz Ihrer Veröffentlichungen, desto eher wird Google Sie auf den ersten Seiten zu Ihrem Thema listen und desto eher werden Sie als Experte wahrgenommen. Ihre Artikel können Sie auf Twitter, XING, LinkedIn und Facebook posten und so noch mehr Resonanz erzeugen. Bieten Sie Ihren Homepage-Besuchern an, Ihren Newsletter zu abonnieren. Den Eintrag in Ihre Newsletter-Liste können Sie belohnen, zum Beispiel in Form eines kostenlosen E-Books, das sich der neue Abonnent herunterladen kann. Mit der Zeit verfügen Sie über einen Stamm an Adressen, über die Sie regelmäßig ihre Kunden per E-Mail kontaktieren dürfen, um über Neuigkeiten zu informieren und um auf Ihre Produkte hinzuweisen. Zur Installation Ihres Weblogs, Newsletters und E-Mail-Programms lassen Sie sich am besten von einem darauf spezialisierten Profi beraten.

Nochmal: Im Grunde müssen Sie einen Quantensprung in Sachen Marketing und Vertrieb vollbringen. Eine ästhetisch schöne Homepage reicht heute bei Weitem nicht mehr aus. Sie dient allenfalls Ihrem Image, aber sie verkauft nicht.

Verkaufen ist in den Ohren der meisten Coaches ein profanes Wort.

Verkaufen scheint so gar nicht zu dem edlen Ansinnen zu passen, anderen Menschen helfen zu wollen. Andersherum können Sie nur den Menschen bzw. vielen Menschen helfen, wenn Sie Ihre Dienstleistung professionell vermarkten. Verkaufen heißt nicht, aggressiv zu werben. Vielmehr gilt es, mit Ihren Kunden eine vertrauensvolle Beziehung aufzubauen. Marketingexperten sagen übrigens, dass es etwa sieben Kontakte braucht, bis es zu einem Kauf kommt.

Es gilt das Prinzip: Erst geben, dann nehmen.

Fragen Sie sich daher, was Sie Ihren Kunden schenken können, um mit ihnen eine vertrauensvolle Beziehung aufzubauen. Das könnte zum Beispiel das bereits erwähnte E-Book sein, eine Liste mit Tipps, ein Gutschein, Ihre Zeit für ein Gespräch etc.

Prüfen Sie, ob Sie zu den klassischen Coaching-Angeboten wie Einzel-Settings nicht auch Online- und/oder Telefon-Coaching anbieten wollen. Diese Formate werden immer beliebter. Vielleicht bereichern Sie Ihr Produktportfolio mit Webinaren, das heißt Online-Seminaren. Sie sehen:

Es gibt heute Mittel und Wege, mit vielen Menschen gleichzeitig in Kontakt zu treten und sie für sich zu gewinnen. Freilich müssen Sie den Mut aufbringen, gewohnte Pfade zu verlassen und sich mit Themen beschäftigen, von denen Sie noch nie etwas gehört haben. Nur die Coaches werden von Anfang an auf Erfolgskurs sein, die sich für Marketing nicht nur interessieren, sondern dafür begeistern.

Bedenken Sie: Potenzielle Klienten suchen in der Regel einen Coach in ihrer Nähe. Wer nimmt schon für zwei Stunden Coaching eine mehrstündige Anfahrt auf sich? Regionales Geschäft bedeutet regionales Marketing. Zu lokalen Marketingaktivitäten zählen zum Beispiel Networking bei Unternehmerstammtischen, Vorträge bei Unternehmen und Vereinen und das Versenden von Werbebriefen an regional ansässige Unternehmen. Bei Werbebriefen reagieren Unternehmen zunehmend allergisch, weshalb Sie es damit nicht übertreiben sollten. Wann immer sich Ihnen die Möglichkeit bietet, persönlichen Kontakt mit potenziellen Kunden aufzunehmen, sollten Sie diese wahrnehmen und der unpersönlichen Akquise vorziehen.

Fassen wir zusammen: Wenn Sie sich als Coach selbstständig machen, haben Sie drei Herausforderungen zu meistern:

1. Sie müssen sich mit Ihrer Coach-Persönlichkeit, Ihren Angeboten/Produkten und Ihrem USP (einzigartiges Verkaufsversprechen) positionieren.
- Finden Sie das Thema, das den Nerv Ihrer Kunden trifft.
- Reklamieren Sie Ihren Expertenstatus für dieses Thema.
- Entwickeln Sie Produkte/Dienstleistungen, die Ihre Kunden begeistern.
- Bauen Sie eine Beziehung zu Ihren Kunden auf. Geben Sie ihnen das Gefühl von Wertschätzung.
- Pflegen Sie den Kontakt mit Ihren Kunden.
- Machen Sie Ihre Kunden zu Ihren Botschaftern.

2. Sie müssen Ihre Kompetenz und Professionalität unter allen Umständen und in jeder Hinsicht unter Beweis stellen. Dazu gehören diese Dinge:
- seriöse, professionell gestaltete Homepage,
- Weblog zum Expertenthema führen,
- hochwertige Geschäftspapiere,
- Vorträge halten,
- Artikel schreiben als Gastautor auf Netzwerk- und Expertenportalen im Internet, in Fachzeitschriften, in anderen Weblogs,
- Veröffentlichung eines Buchs zum Expertenthema,
- regelmäßige Pressemitteilungen,
- Newsletter an Ihre Kunden.

3. Sie müssen dafür sorgen, dass potenzielle Kunden Sie dort finden, wo sie Sie suchen. Und sie müssen Sie als das wahrnehmen, was Sie sind: der Coach, der sie unterstützen kann. Potenzielle Kunden begegnen Ihnen z. B.
- auf Personalmessen,
- bei Unternehmerstammtischen,
- im Internet auf Ihren Profilen bei XING, LinkedIn, Facebook, Twitter u. Ä.,
- auf Kongressen namhafter Coaching-Verbände oder bei Weiterbildungen.

3. Auf Coaches spezialisiert: Marketing für Berater

Weil die meisten Coaches sich zumindest am Anfang mit dem Marketing und der Positionierung im Markt schwer tun, ist Beratung in eigener Sache eine lohnende Investition. In den letzten Jahren ist eine Beraterzunft herangewachsen, die auf das Marketing von Coaches und Trainern spezialisiert ist. Bekannte Vertreter dieser Zunft, die zum Thema Marketing für Coaches publiziert haben, sind zum Beispiel Bernhard Kuntz, Micheal Port, Benjamin Schulz oder Giso Weyand. In ihren Büchern vermitteln sie die verschiedenen Möglichkeiten des Marketings für Coaches und Trainer, die nur durch strategische Planung und Umsetzung zu erschließen sind. Ich empfehle Ihnen, einige Publikationen dieser Experten oder anderer Autoren zum Thema Marketing zu lesen. Gegebenenfalls sollten Sie einen Berater auch persönlich konsultieren, bevor Sie mit Ihrer Coaching-Praxis starten. Im Anhang finden Sie Literaturhinweise zum Thema Marketing.

Um es mit den Worten von Bernhard Kuntz (2011) zu sagen: *„Coaching ist ein People-Business. Es lebt vom Ruf eines Coachs und seinen persönlichen Kontakten."* Bei der Vermarktung eines Coachs stehen Networking und Präsenz bei den Zielkunden an vorderster Stelle. Newcomer auf dem Coaching-Markt können sich viel Geld für unkoordinierte Aktionen sparen, wenn sie in eine Vermarktungsberatung investieren. Ich selbst habe anfangs eine Menge Geld für Anzeigen, Mailings und Flyer in den Sand gesetzt, bis ich begriffen habe, wie der Coaching-Markt funktioniert.

Um Ihnen die Notwendigkeit von professionellem Marketing vor Augen zu führen, möchte ich die folgenden Zahlen von Kuntz für sich sprechen lassen: Um monatlich 6.000,- Euro Umsatz zu generieren, müssen Sie auf eine Auslastung von 40 Coaching-Stunden im Monat verteilt auf 20 verfügbare Arbeitstage bei einem Stundensatz von 150,- Euro kommen. Vom Umsatz sind die Betriebskosten, Versicherungen, Rentenrücklagen und Lebenshaltungskosten zu decken. Rücklagen für die Steuer bzw. für Steuervorauszahlungen sind ebenfalls zu berücksichtigen.

Machen Sie sich nichts vor: 20 Coachings à zwei Stunden im Monat sind ein mehr als ehrgeiziges Ziel, vor allem für Anfänger. Ohne professionelles und intensives Marketing bleibt dieses Ziel in weiter Ferne oder sogar unerreichbar.

Deshalb mein dringender Appell: Nehmen Sie das Thema Marketing ernst. Es geht um Ihre Existenz!

Willst du, daß man Gutes von dir sagt,
so sage es nicht selbst.
Blaise Pascal (1623–1662),
französischer Mathematiker, Physiker,
Literat und christlicher Philosoph

VII. In guter Gesellschaft: Wo Coaches unter sich sind

1. Verbände und Netzwerke

Wussten Sie, dass es allein in Deutschland zehn Verbände gibt, die sich nur mit dem Themenkomplex Coaching befassen? In Österreich gibt es zwei und in der Schweiz inklusive Liechtenstein vier „reine" Coaching-Verbände mit Coaches als Mitglieder. Im Folgenden erhalten Sie eine Übersicht (Stand 2016).

Coaching-Verbände Deutschland

- DBVC – Deutscher Bundesverband Coaching e. V.
- DCG – Deutsche Coaching Gesellschaft e. V.
- DCV – Deutscher Coaching Verband e. V.
- Deutscher NLP Coaching Verband e. V.
- DGfC – Deutsche Gesellschaft für Coaching e. V.
- ICF – International Coach Federation Deutschland e. V.
- NLC – Gesellschaft für Neurolinguistisches Coaching e. V.
- QC – Verband für Qualität im Coaching e. V.

- QRC – Qualitätsring Coaching und Beratung e. V.
- Verband Ganzheitliches Führungs- und Persönlichkeits-Coaching e. V.

Coaching-Verbände Österreich

- ACC – Österreichischer Dachverband für Coaching
- ICF Austria – Internationale Coach Federation Österreich e. V.

Coaching-Verbände Schweiz und Liechtenstein

- ICF Schweiz – International Coach Federation Schweiz
- SCA – Swiss Coaching Association
- SSCP – Swiss Society for Coaching Psychology
- LCV – Liechtensteiner Coaching Verband

Darüber hinaus gibt es sogenannte Mischverbände; deren Mitglieder sind Trainer, Therapeuten, Supervisoren und Coaches.

Mischverbände Deutschland

- BDP – Berufsverband Deutscher Psychologinnen und Psychologen e.V.
- BDU – Bundesverband Deutscher Unternehmensberater e. V.
- BDVT – Berufsverband für Trainer, Berater und Coaches e. V.
- DCMV – Deutscher Coaching- und Mediations-Verband e. V.
- DGfK – Deutsche Gesellschaft für Karriereberatung e. V.
- DGSF – Deutsche Gesellschaft für Systemische Therapie, Beratung und Familientherapie e. V.
- DGSv – Deutsche Gesellschaft für Supervision und Coaching e. V.
- dvct – Deutscher Verband für Coaching und Training e. V.
- DVNLP – Deutscher Verband für Neuro-Linguistisches Programmieren e. V.

- SG – Systemische Gesellschaft - Deutscher Verband für systemische Forschung, Therapie, Supervision und Beratung e. V.
- T.O.C. – Berufsverband Training Organisationsberatung Coaching e. V.

Mischverband Österreich

- ÖVS – Österreichische Vereinigung für Supervision und Coaching

Mischverband Schweiz

- BSO – Berufsverband für Coaching, Supervision und Organisationsentwicklung

Quelle: Internetseite coaching-report.de, Rubrik Coaching-Markt/Coaching-Verbände, Stand Mai 2016.

Ich sehe schon das Fragezeichen in Ihren Augen: „Lohnt es sich, einem der Verbände beizutreten und wenn Ja, welchem?".

Die Mitgliedschaft in einem renommierten Coaching-Verband hat viele Vorteile. Sie weist Sie als Experten aus und erhöht so Ihr Renommee. Sie bietet Ihnen die Möglichkeit zu professionellem Austausch und ist ein Netzwerk, das Ihnen Zugang zu Informationen zu fachlichen und berufsbezogenen Fragen gewährt. Je nach Verband bestehen weitere Serviceangebote wie zum Beispiel die Aufnahme in Mitgliederdatenbanken. All dies kann Ihre Profilierung unterstützen. Sie profitieren am meisten von einer Mitgliedschaft, wenn Sie sich im Verband engagieren, das heißt, ehrenamtliche Tätigkeiten im Verband übernehmen, Regionalgruppen organisieren oder Sie bringen sich durch Forschungsaktivitäten im Coaching-Feld ein. Dies nimmt viel Zeit in Anspruch und bedeutet Aufwand. Hinzu kommen noch die teils beträchtlichen Mitgliedsgebühren, die je nach Verband zwischen 100,- und 1.500,- Euro im Jahr betragen (Migge, S. 76).

Seit 2004 ist zu beobachten, dass Coaching-Verbände wie Pilze aus dem Boden schießen. Ob die Beweggründe dazu vorrangig in Professionalisierung und Qualitätssicherung von Coaching zu suchen sind, ist nicht zu beantworten. Jedenfalls ist ein Verband auch ein Marketinginstrument, das dem Gründer durch entsprechende Außendarstellung (Logo, definierte Qualitätsstandards u. Ä.) einen Vorteil gegenüber Mitbewerbern verschafft. Natürlich betonen alle Verbände, dass sie zur Professionalisierung des Coachings beitragen. In erster Linie verfolgen sie als Kollektiv die Qualitätssicherung von Coaching und die Positionierung ihres Verbandes und von dessen Mitgliedern als Maßstab für Coaching-Expertise, nicht mehr und nicht weniger.

Sie erkennen renommierte Verbände u. a. daran, wie sie in der Öffentlichkeit auftreten, welche Rolle sie als Meinungsbildner für Coaching und Beratung spielen sowie an ihren Aufnahmekriterien und die Bedingungen für Zertifizierungen. Diese sind nämlich keineswegs einheitlich geregelt. Wenn Sie einem Verband beitreten wollen, müssen Sie sich in irgendeiner Form qualifizieren. Dies erfolgt in Aufnahme/Zertifizierungsverfahren, die von Verband zu Verband sehr unterschiedlich sein können. Manche Verbände haben eine eher niedrige Aufnahmeschwelle, andere eine höhere. Sie müssen daher entscheiden, was Ihnen die Verbandsmitgliedschaft bringen soll, welche Bedeutung es für Sie hat, im Verband XYZ Mitglied zu sein und wen Sie dort antreffen wollen. Auch die Anzahl der Mitglieder und das Gründungsjahr sind Indikatoren für die Bedeutung eines Verbandes.

Fordern Sie am besten von den Verbänden Ihrer Wahl die Zugangskriterien an, und führen Sie ein persönliches Gespräch möglichst mit der Verbandsführung, um sich einen Eindruck zu verschaffen. Fragen Sie nach

- dem Gründungsjahr (wann und warum gegründet?),
- den Zielen des Verbandes,
- Ethikrichtlinien, der Berufsordnung,

- den Zielgruppen (Aufnahmekriterien),
- den Mitgliedsgebühren,
- der Mitgliederzahl,
- Veranstaltungen, die der Verband ausrichtet,
- der Organisation des Verbandes,
- dem Service für die Mitglieder,
- regelmäßigen Aktivitäten (Versammlungen, Regionalgruppen, Ausrichtung von Kongressen),
- Forschungsaktivitäten,
- der Mitgliedschaft anerkannter Coaching-Meinungsbildner.

Ich war schon sechs Jahre selbstständig, bis ich mich entschied, einem Coaching-Verband beizutreten. Meine Wahl fiel auf den Deutschen Bundesverband Coaching (DBVC). Überzeugt haben mich das hohe Ansehen dieses Verbandes, seine ethische Haltung, sein Vier-Säulen-Konzept (das alle relevanten Akteure des Feldes – Coaching, Unternehmen, Wissenschaft und Weiterbildung – auf einer Plattform zusammenbringt), die vielen Möglichkeiten zum professionellen Erfahrungsaustausch und die Pionierarbeit, die der DBVC für die Coaching-Branche geleistet hat.

Sicher gibt es noch andere seröse Verbände und Vereine. Entwickeln Sie selbst ein Gefühl dafür, welche für Sie in die engere Auswahl kommen.

Fragen Sie auch einmal Personalverantwortliche in Unternehmen, welche Coaching-Verbände sie kennen und wie sie diese einschätzen.

Fazit: Wenn Sie bei der Suche nach einem geeigneten Verband Ihren Radar nach den genannten Kriterien ausrichten, werden Sie schnell ein Gefühl dafür entwickeln, wo Sie am besten aufgehoben sind. Eine Verbandsmitgliedschaft ist zudem kein Garant für den wirtschaftlichen Erfolg eines Mitglieds. Die Motivation, einem Verband beizutreten, sollte daher in erster Linie im Wunsch nach fachlichem Austausch liegen (Migge, S. 77).

Schlussbemerkung

Unsere Exkursion in die Coaching-Welt nähert sich dem Ende. Ich hoffe, ich konnte Ihnen einen Einblick geben – so kompakt wie nötig und so informativ wie möglich –, sodass Sie nun die nächsten Schritte auf Ihrem Weg zum Coach gehen können. Viele Ihrer Gedanken kreisen um dieses Thema. Im Geiste sind Sie deshalb schon Coach, Sie müssen sich nur noch auf die Umsetzung Ihrer inneren Vorstellung konzentrieren. Um es mit den Worten von Victor Hugo zu sagen: „Nichts ist stärker als eine Idee, deren Zeit gekommen ist".

Bleibt mir noch, Ihnen für Ihre Zukunft von Herzen Erfüllung und Erfolg zu wünschen. Wenn Sie möchten, schreiben Sie mir, was Sie auf Ihrem Weg zum Coach erlebt haben. Ich freue mich über jedes Feedback zu diesem Buch.

Dank

Wie hätte ich dieses Buch schreiben können ohne all die Coaches und Berater, die seit vielen Jahren mit ihren wertvollen Beiträgen in Verbänden und Netzwerken und durch ihre Veröffentlichungen unermüdlich ihren Beitrag zur Formung des Berufsbilds Coaching leisten? Ihnen allen sei vielmals gedankt für das Teilen ihres Wissens und ihrer Erkenntnisse.

Mein ausdrücklicher Dank gilt zudem allen Coaches, die ich selbst ausbilden durfte. Ihre Erfahrungen, ihre Anregungen, ihre Fragen bilden die Basis für dieses Buch.

Außerdem herzlichen Dank an Alexandra Götze, Martin Hömmerich und Prof. Dr. Monika Zimmermann für die Durchsicht des Manuskriptes und ihre wertvollen Tipps zur Gestaltung des Textes.

Lieben Dank auch an meinen Partner Winfried, meine Familie, Claire Marie, Michael und an meine Freundin Viola, die mich von Beginn an in meinem Wirken als Coach bestärkt haben.

Besonderen Dank auch an meinen „Schreib-Coach", Ha. A. Mehler, für die professionelle Betreuung und seine erfrischenden und motivierenden Impulse. Sie haben mich ermutigt, dieses Buch zu schreiben und zu veröffentlichen.

Anhang

Glossar

Businessplan
Umfassendes Konzept zur Gründung eines Unternehmens inklusive Ertragsvorschau für die ersten drei Jahre.

Coach
Eine Person, die eine andere Person dabei unterstützt, ihre eigenen Lösungen zu finden und neue Möglichkeiten wahrzunehmen. Der Coach ist zugleich Feedbackgeber, Sparringspartner, Reflexionspartner, Geburtshelfer, Prozessbegleiter, Raumöffner und Inspirationsquelle für neue Denkweisen und Perspektiven. Das Wort „Coach" steht für die weibliche und männliche Form. Der weibliche Begriff „Coachin" – wie im Duden zu finden – hat sich bis dato nicht durchgesetzt.

Professionelle Coaches haben sich umfassend in Coaching fortgebildet, verfügen über Lebens- und Berufserfahrung, treten seriös auf und arbeiten ideologisch unabhängig.

Coachee
Person, die ein Coaching in Anspruch nimmt. Im deutschsprachigen Raum wird die Bezeichnung „Klient" bevorzugt, da das Begriffspaar Coach – Coachee ein Beziehungsgefälle impliziert, ähnlich wie das Begriffspaar Mentor – Mentee, was im Coaching gerade nicht erwünscht ist (Rauen 2003, S. 2).

Coaching
Eine vertrauliche, auf Freiwilligkeit beruhende Einzel-, Team-, oder Gruppenberatung von psychisch gesunden Menschen, die bewirkt, dass der Gecoachte (Klient oder Coachee genannt) eigenverantwortlich und aus sich heraus eine Lösung findet. Dabei bedient sich der Coach wissenschaftlich anerkannter Methoden und Techniken mit

philosophisch-psychotherapeutischen Wurzeln. Ziel ist die nachhaltige, dauerhafte Veränderung durch neue Perspektiven, Einsichten in die eigene Persönlichkeitsstruktur, das Aufspüren und Aktivieren von Ressourcen und das Lernen aus Erkenntnis und Erfahrung.

Autonomes Coaching gemäß Hamburger Schule (www.hamburger-schule.com)

Verfährt nach dem Hilfe-zur-Selbsthilfe-Prinzip. Der Coach gibt keine Lösungen vor, sondern liefert basierend auf diesem Prinzip dem Klienten/Coachee Impulse zur eigenverantwortlichen Lösungssuche.

Autoritäres Coaching gemäß Hamburger Schule (www.hamburger-schule.com)

Jede Form der Beratung, die nicht zum autonomen Coaching zählt. Das heißt, der Coach überträgt seine Sichtweise (Diagnose) auf den Klienten und lenkt mit seiner Bewertung und seinen Interventionen den Erkenntnisprozess des Klienten in eine bestimmte Richtung.

Business Coaching

Coaching aus beruflichen Anlässen, meist von Unternehmen finanziert. Zu den Themenbereichen und Anlässen des Coachings zählen z. B. Führungskräfteentwicklung, Mitarbeiterführung, Mobbing, Burn-out, Stress, Work-Life-Balance, Resilienz, Belastbarkeit, Rollenverständnis, Zeit- und Selbstmanagement, Arbeitsorganisation, Entscheidungsschwäche, Zielkonflikte, Outplacement.

Personal Coaching

Coaching mit Privatpersonen, die ihr Coaching selbst finanzieren. Häufige Themenbereiche und Anlässe: Selbstfindung, Krisen, Verluste, Feedback, Ziele, Neuorientierung, Zukunftsentwurf, Entscheidungsfindung, Klarheit und Abstand gewinnen, Sinnfragen. Personal Coaching wird oft als Life Coaching bezeichnet.

Coaching-Ausbildung

Fortbildungsmaßnahme zur Qualifizierung von Coaches. Es existiert eine Vielzahl von Angeboten mit unterschiedlichsten Ausbildungsformaten. Anerkannte Coaching-Ausbildungen sind nach den Qualitätsstandards der jeweiligen Coaching-Verbände zertifiziert. Ansonsten gibt es keine einheitliche Ausbildungsordnung.

Coaching-Honorare

Im Business Coaching sind Stundenhonorare zwischen 150,- bis 300,- Euro üblich. Im Personal Coaching liegen die Honorare bei etwa 120,- bis 150,- Euro. Die Bandbreite der Honorare ist insgesamt gesehen sehr groß. Professionelle Coaches mit entsprechendem Profil und Bekanntheitsgrad erzielen höhere Honorare als weniger professionelle oder unbekannte Coaches.

Coaching-Interventionen

Methoden und Techniken, die ein Coach einsetzt, um Impulse zu setzen. Sie sind oft abgeleitet von psychologischen Schulen oder basieren auf philosophischen Erkenntnissen.

Coaching-Verband

Zusammenschluss von Coaching-Experten mit dem Ziel, die Professionalität von Coaching bzw. Coaches zu fördern. Die einzelnen Verbände unterscheiden sich hinsichtlich der Aufnahmebedingungen, Anforderungsprofile, Serviceleistungen und Mitgliedsgebühren teils erheblich.

Coaching-Vertrag

Formaler und psychologischer Vertrag, der die Beratungsbeziehung zwischen Coach und Klient bzw. Auftraggeber regelt. Zu den formalen Aspekten zählen Vertraulichkeitsklausel, Dauer des einzelnen Settings (Zeiteinheit) und voraussichtlicher Umfang des Coachings (Anzahl Sitzungen), Zeit, Ort, Honorar, Spesen, Zahlungsweise, Ausfallhonorar bei Absage von Terminen, Kündigungsoptionen und Haftungsfragen.

Der psychologische Vertrag beinhaltet die Art und Weise der Zusammenarbeit von Coach und Coachee. Er wird beim Erstgespräch und auch im weiteren Verlauf des Coachings ausgehandelt oder angeglichen, wenn es darum geht, dass der Coach seine Rolle und die des Klienten im Coaching-Prozess klärt. Der Coach spricht die Erwartungen des Klienten an und korrigiert sie gegebenenfalls. Er formuliert seine Erwartungen an den Prozess und an den Klienten sowie die Bedingungen und Grenzen seiner Möglichkeiten. Grundlage des psychologischen Vertrages ist die Freiwilligkeit und das Hilfe-zur-Selbsthilfe-Prinzip oder das Verantwortungsprinzip: Der Klient ist sich dessen bewusst, dass er derjenige ist, der die Entwicklungsarbeit leistet. Er weiß, dass er für das Ergebnis verantwortlich ist und dass er sich freiwillig auf das Coaching einlässt (Rauen 2003, S. 64–65).

Coaching-Wissen

Fundierte Kenntnisse über interdisziplinäre Coaching-Methoden und Coaching-Techniken sowie Erfahrung in der Anwendung dieser Methoden und Techniken, basierend auf einer ethisch ausgereiften Haltung des Coachs und dem Hilfe-zur-Selbsthilfe-Prinzip.

Setting

Coaching-Sitzung von in der Regel ein bis zwei Stunden. Ein Coaching kann zum Beispiel fünf Settings à ein bis zwei Stunden beinhalten.

Supervision

Reflexion der Coaching-Tätigkeit mit erfahrenen Coach-Kollegen im Rahmen der kollegialen Beratung als Intervision oder mit einem ausgebildeten Supervisor in der Einzelsupervision. Hilft dem Coach, sein Coaching zu optimieren, und dient seiner Psychohygiene.

Checkliste Coaching-Ausbildung

CHECKLISTE Coaching-Ausbildung	Bewerten Sie die Angebote mit 1 ☺ bis max. 5 ☺ Punkten				
Fragenkompass	1	2	3	4	5
Ist die Ausbildung von einem Coaching-Verband anerkannt?					
Ist der Lehr-Coach/das Ausbildungsinstitut von einem Coaching-Verband anerkannt?					
Welchen Eindruck macht der öffentliche Auftritt des Lehr-Coachs/des Ausbildungsinstituts?					
Was sagen ehemalige Teilnehmer über die Coaching-Ausbildung?					
Wie sympathisch ist Ihnen der Lehr-Coach?					
Entspricht der vermittelte Coaching-Ansatz Ihrer Vorstellung? (autonomer/autoritärer Coaching-Ansatz?)					
Korrespondiert die Zielgruppe der Ausbildung mit Ihren Vorstellungen? (Alter, Bildung, Berufserfahrung, Führungserfahrung?)					
Wie wohl fühlen Sie sich mit der Gruppenstärke?					
Wie ist das Verhältnis von Theorie und Praxis bzw. praktischen Übungen?					
Wie hoch ist der Aufwand für Lernen/Engagement in Peergroups zwischen den Unterrichtseinheiten?					
Welchen Eindruck machen der Veranstaltungsort/die Veranstaltungsräume?					

CHECKLISTE Coaching-Ausbildung	Bewerten Sie die Angebote mit 1 ☺ bis max. 5 ☺ Punkten				
Fragenkompass	1	2	3	4	5
Liegt die Ausbildungsgebühr in Ihrem finanziellen Rahmen?					
Sind alle Kosten aufgelistet und transparent dargestellt (Nebenkosten, Tagungspauschale, Lehrmaterialien, Prüfungsgebühren, Verpflegung, Mehrwertsteuer)?					
Ist Ratenzahlung möglich? Zu welchen Konditionen?					
Wie sieht es mit Rücktrittsrecht und angemessener Kündigungsfrist aus?					
Entspricht das Ausbildungsformat Ihren Wünschen? Wochenendkurs, Fernkurs, Präsenzveranstaltung, Studium, nicht universitäre Ausbildung, Kombination aus mehreren Formaten?					
Wie weit ist die Anreise zum Veranstaltungsort?					
Liegt eine Erklärung zur ideologischen Unabhängigkeit vor? Ausschluss von Sekten?					
Was sagt Ihr Bauchgefühl zu Ihrer Entscheidung?					

Adressen im Internet

www.coaching-report.com
www.coaching-magazin.de
www.coaching-lexikon.de
www.coaching-report.de/coaching-markt/coaching-verbaende.html

Literatur zum Marketing

Boll, Kerstin (2015): Der Website-Coach. Profi-Tipps für einen starken Website-Auftritt – dem Herzstück in Ihrem Trainermarketing (Edition Training aktuell). Bonn: managerSeminare.
Geffroy, Edgar K./Schulz, Benjamin (2015): Goodbye, McK. & Co.: Welche Berater wir zukünftig brauchen. Und welche nicht. Offenbach: Gabal.
Kuntz, Bernhard (2013): Die Katze im Sack verkaufen: Wie Sie Bildung und Beratung mit System vermarkten. Bonn: managerSeminare.
Kuntz, Bernhard (2011): Fette Beute für Trainer und Berater. Wie Sie „Noch-nicht-Kunden" Ihre Leistung schmackhaft machen. Bonn: managerSeminare.
Kuntz, Bernhard (2011): Coaching ist ein sehr mühsames Geschäft – Interview mit dem Marketingberater für Trainer, Berater und Coachs Bernhard Kuntz. Erschienen 02.05.2011. Business-wissen.de; http://www.business-wissen.de/artikel/berufswahl-selbststaendig-als-coach, abgerufen am 12.11.2015.
Kuntz, Bernhard (2008): Warum kennt den jeder? Wie Sie als Berater durch Pressearbeit Ihre Bekanntheit steigern und lukrative Aufträge an Land ziehen. Bonn: managerSeminare.
Port, Michael (2013): Book yourself solid illustrated, The Fastest, Easiest, and Most Reliable System for Getting

More Clients Than You Can Handle Even if You Hate Marketing and Selling. Hoboken, NJ: Wiley.

Schulz, Benjamin (2013): Marketing Heroes never die! Zürich: Midas Management Verlag.

Weyand, Giso (2013): Das Berater-Buch – Für Consultants, Trainer und Coaches: Strategien, Lösungen und Insider-Wissen für Ihren Erfolg. Frankfurt/New York: Campus.

Weyand, Giso (2011): Sog-Marketing für Coaches. So werden Sie für Kunden und Medien (fast) unwiderstehlich. Bonn: managerSeminare.

Weyand, Giso (2009): Allein erfolgreich – Die Einzelkämpfermarke: Erfolgreiches Marketing für beratende Berufe. 2. Auflage. Göttingen: BusinessVillage Verlag.

Weyand, Giso (2008): Die 250 besten Checklisten für Berater, Trainer und Coaches: Basis: Strategie und Positionierung; Pflicht: Marketing und Corporate Identity; Kür: Kundenakquise und Inszenierungstechniken. München: moderne industrie.

Literatur für den Start

Fischer-Epe, Maren/Schulz von Thun, Friedemann (2011): Coaching: Miteinander Ziele erreichen. Reinbek: Rowohlt.

Prior, Manfred (2009): Minimax-Interventionen. Heidelberg: Carl-Auer Verlag.

Prior, Manfred (2008): Beratung und Therapie optimal vorbereiten. Heidelberg: Carl-Auer-Verlag.

Radatz, Sonja (2008): Einführung in das systemische Coaching. 2. Auflage. Heidelberg: Carl-Auer Verlag.

Schlippe, Arist von/Schweitzer, Jochen (2010): Systemische Interventionen. 2. Auflage. Stuttgart: UTB.

Literatur allgemein

Bartscher, Thomas (2008): Personalarbeit im Wandel. Pro Firma 12 2008. Haufe. https://www.haufe-akademie.de/downloads_shop/documents/3649.pdf, abgerufen am 12.11.2015.

Berne, Eric/Müller, Ulrike (2006): Die Transaktions-Analyse in der Psychotherapie. Eine systematische Individual- und Sozial-Psychiatrie. 2. Auflage. Paderborn: Junfermann.

Böning, Uwe (1989): Coaching: Zur Rezeption eines Führungsinstrumentes. Personalführung, 12, S. 1149–1151.

Böschemeyer, Uwe (2003): Worauf es ankommt. Werte als Wegweiser. München: Piper.

Cohn, Ruth C. (2013): Von der Psychoanalyse zur themenzentrierten Interaktion – Von der Behandlung einzelner zu einer Pädagogik für alle. 15. Auflage. Stuttgart: Klett.

Covey, Stephen R. (2000): Die sieben Wege zur Effektivität. Ein Konzept zur Meisterung Ihres beruflichen und privaten Lebens. München: Heyne.

Deutscher Bundesverband Coaching e.V. (DBVC) (2012): Leitlinien und Empfehlungen für die Entwicklung von Coaching als Profession. Kompendium mit den Professionsstandards des DBVC. 4. Aufl. Osnabrück.

Drath, Karsten (2012): Coaching und seine Wurzeln. Erfolgreiche Interventionen und ihre Ursprünge. Freiburg/München: Haufe.

Ellis, Albert/Ellis, Debbie J. (2012): Rational-Emotive Verhaltenstherapie (Wege der Psychotherapie). 1. Auflage. München: Ernst Reinhardt.

Frankl, Viktor E. (2002): Logotherapie und Existenzanalyse. Texte aus sechs Jahrzehnten. Weinheim: Beltz.

Freud, Siegmund (2010): Massenpsychologie und Ich-Analyse. Hamburg: Nikol.

Geissler, Jürgen/Günther, Jürgen (1986): Coaching: Psychologische Hilfe am wirksamsten Punkt. Blick durch die Wirtschaft, 53, 17.03.86, S. 3.

Hauser, Eberhard (1987): Grundlagen des Coaching. München: DECollege.
Initiative Neue Qualität der Arbeit. Bundesanstalt für Arbeitsschutz und Arbeitsmedizin (2014): Führungskultur im Wandel – Kulturstudie mit 400 Interviews. http://www.inqa.de/SharedDocs/PDFs/DE/Publikationen/fuehrungskultur-im-wandel-monitor.pdf?__blob=publicationFile, abgerufen am 13.12.2014
Kanfer, Frederick H./Schmelzer, Dieter (2005): Wegweiser Verhaltenstherapie: Psychotherapie als Chance. 2. Auflage. Berlin: Springer.
Looss, Wolfgang (1986): Partner in dünner Luft. Manager Magazin, 8, S. 136–140.
Looss, Wolfgang (1991): Coaching für Manager – Problembewältigung unter vier Augen. EHP-Organisation.
Meier, Rolf/Janßen, Axel (2011): CoachAusbildung – ein strategisches Curriculum. 2. Auflage. Sternenfels: Wissenschaft & Praxis.
Migge, Björn (2005): Handbuch Coaching und Beratung: Wirkungsvolle Methoden, kommentierte Falldarstellungen, zahlreiche Übungen. Weinheim: Beltz.
Müller, Hans-Peter (2013): Dossier Deutsche Verhältnisse. Eine Sozialkunde Wertewandel. bpb Bundeszentrale für politische Bildung http://www.bpb.de/politik/grundfragen/deutsche-verhaeltnisse-eine-sozialkunde/138454/werte-milieus-und-lebensstile-wertewandel, abgerufen am 03.02.2016.
Nestmann, Frank/Engel, Frank/Sickendiek, Ursel (Hrsg.) (2007): Das Handbuch der Beratung. Disziplinen und Zugänge. Band 1. 3. Auflage. Tübingen: Dgvt-Verlag.
Rauen, Christopher (2001–2016): Internetportal Coaching-Report, Coaching-Markt, Coach-Charakteristika. Christopher Rauen GmbH http://www.coaching-report.de/coaching-markt.html, abgerufen am 10.11.2015
Rauen, Christopher (2001-2016): Internetportal Coaching-Report, Coaching-Markt, Coaching-Verbände. Christopher Rauen GmbH https://www.coaching-re-

port.de/coaching-markt/coaching-verbaende.html, abgerufen am 21.10.2016

Rauen, Christopher (Hrsg.) (2005): Handbuch Coaching. 3. Auflage. Göttingen: Hogrefe.

Rauen, Christopher (2003): Coaching, Praxis der Personalpsychologie. 3. Auflage. Göttingen: Hogrefe.

Rogers, Carl R. (2012): Therapeut und Klient. Grundlagen der Gesprächspsychotherapie. 21. Auflage. Frankfurt am Main: Fischer.

Schlippe, Arist von/Schweitzer, Jochen (2010): Systemische Interventionen. 2. Auflage. Stuttgart: UTB.

Schlippe, Arist von/Schweitzer, Jochen (2013): Lehrbuch der systemischen Therapie und Beratung I. 2. Auflage. Göttingen: Vandenhoek & Ruprecht.

Schramm, Elisabeth (2010): Interpersonelle Psychotherapie. 3. Auflage. Stuttgart: Schattauer.

Stavemann, Harlich H. (2002): Sokratische Gesprächsführung in Therapie und Beratung. 2. Auflage. Weinheim: Beltz.

Stiftung Warentest: Dossier: Coach finden (30.04.2014). Den richtigen Coach finden: Nicht nur die Chemie muss stimmen. https://www.test.de/Den-richtigen-Coach-finden-Nicht-nur-die-Chemie-muss-stimmen-4697530-0/, abgerufen am 08.01.2016

Straß, Daniel (2009): Coaching. Eine Anleitung zur Seminargestaltung. Universität des Saarlandes. http://www.uni-saarland.de/fileadmin/user_upload/Professoren/fr53_ProfWinterhoffSpurk/PDFs/materialien/Reader_Coaching_2009.pdf, abgerufen am 12.11.2015

Zimmermann, Monika (2011): Naturwissenschaftliche Bildung im Kindergarten: Eine integrative Längsschnittstudie zur Kompetenzentwicklung von Erzieherinnen. Studien zum Physik- und Chemielernen (Bd. 128). Berlin: Logos.

Zimmermann, Monika/Metz, Lars (2013): Unveröffentlichtes Coaching-Konzept anlässlich Prüfung zum Personal und Business Coach IHK. Heidelberg.

Zimmermann, Monika (2015): Seminar „Beratung" – 2. Termin. Internationale Berufsakademie Heidelberg.